Auf die Schnelle

iPad 2 ganz leicht

Philip Kiefer

DATA BECKER

Copyright	© DATA BECKER GmbH & Co. KG Merowingerstr. 30 40223 Düsseldorf
Reihenkonzeption	Peter Meisner
Produktmanagement	Peter Meisner
Umschlaggestaltung	Inhouse-Agentur DATA BECKER
Layout	Jana Scheve
Textbearbeitung und Gestaltung	Thorsten Schlosser, Kreuztal (www.buchsetzer.de)
Produktionsleitung	Claudia Lötschert
Druck	fgb • freiburger graphische betriebe (www.fgb.de)

ISBN 978-3-8158-1777-3

Wichtiger Hinweis

Die in diesem Buch wiedergegebenen Verfahren und Programme werden ohne Rücksicht auf die Patentlage mitgeteilt. Sie sind für Amateur- und Lehrzwecke bestimmt.

Alle technischen Angaben und Programme in diesem Buch wurden vom Autor mit größter Sorgfalt erarbeitet bzw. zusammengestellt und unter Einschaltung wirksamer Kontrollmaßnahmen reproduziert. Trotzdem sind Fehler nicht ganz auszuschließen. DATA BECKER sieht sich deshalb gezwungen, darauf hinzuweisen, dass weder eine Garantie noch die juristische Verantwortung oder irgendeine Haftung für Folgen, die auf fehlerhafte Angaben zurückgehen, übernommen werden kann. Für die Mitteilung eventueller Fehler ist der Autor jederzeit dankbar.

Wir weisen darauf hin, dass die im Buch verwendeten Soft- und Hardwarebezeichnungen und Markennamen der jeweiligen Firmen im Allgemeinen warenzeichen-, marken- oder patentrechtlichem Schutz unterliegen.

Inhalt

1. Ihr einfacher Einstieg in die faszinierende iPad-Welt

Mit diesem Buch halten Sie den optimalen Begleiter für Ihren gelungenen Start mit dem iPad in Händen! Es bietet Ihnen alle wichtigen Informationen und nützliche Tipps, um mit dem Gerät von Anfang an richtig umzugehen und keine der spannendsten Anwendungsmöglichkeiten zu verpassen.

Bevor ich mir selbst das erste iPad und dann das iPad 2 zulegte, war ich bereits begeisterter iPhone-Nutzer. Mich faszinieren die technischen Finessen und die schier unendliche Funktionalität dieser Apple-Geräte, und ich hoffe, dass ich meine Begeisterung mit den Anleitungen, Informationen und Tipps in diesem Buch ein Stück weit an Sie weitergeben kann. Lesen Sie es von vorn bis hinten komplett durch oder nutzen Sie Ihren individuellen ***Rezept-QuickFinder***! Bei der schnellen Suche zu einem bestimmten Thema hilft darüber hinaus das Stichwortverzeichnis hinten im Buch weiter.

Rezept-QuickFinder für Eilige

Sie wollen sich auf die Schnelle einen Überblick verschaffen? Dank ***Stop & Go*** kein Problem! Auf folgenden Seiten finden Sie Kapitelzusammenfassungen zum zeitsparenden Querlesen: Seite 32 (Kapitel 2), Seite 43 (Kapitel 3), Seite 61 (Kapitel 4), Seite 76 (Kapitel 5), Seite 86 (Kapitel 6), Seite 98 (Kapitel 7), Seite 107 (Kapitel 8), Seite 114 (Kapitel 9), Seite 126 (Kapitel 10), Seite 132 (Kapitel 11), Seite 139 (Kapitel 12), Seite 147 (Kapitel 13).

Rezept-QuickFinder für Einsteiger

Sie wollen lediglich diejenigen Kapitel lesen, die für Einsteiger relevant sind und optionale Themen und Tipps außen vor lassen? Auch hierzu der passende ***Rezept-QuickFinder***:

Thema	Seite	Thema	Seite
Inbetriebnahme	13	E-Mails senden und empfangen	66
iTunes installieren	13	im Web surfen	71
iPad aktivieren	14	iPad-Webbrowser	72
Micro-SIM-Karte einlegen	16	Einstellungen zu Datenschutz und Sicherheit	76
iPad-Bedienung	16	Kontakte verwalten	78
App öffnen und Text eintippen	21	Wiedergabelisten erstellen	100
Apps anordnen	28	Musikwiedergabe steuern	103
Heim-WLAN einrichten	33	Kalender	115
WLAN-Verbindung herstellen	35	Notizen	117
iTunes-Account anlegen	44	Karten	133
iTunes-Account auch ohne Kreditkarte	47	Akku-Tipps	148
Apps herunterladen	54	Aktualisierung	149
E-Mail-Konto einrichten	63		

Rezept-QuickFinder für Genießer

Sie würden sich selbst nicht als „Fortgeschrittener“ in Sachen iPad-Nutzung bezeichnen, möchten jedoch Funktionen nutzen und Kenntnisse erlangen, die über das unbedingt Notwendige hinausgehen? Hier werden Sie fündig:

Thema	Seite	Thema	Seite
Videotelefonie	84	Einschränkungen	152
iPad als Digitalkamera	87	iPad-Infos	152
Bilder synchronisieren	89	iPad-Ortung	153
Bilder auf PC übertragen	91	iPad-Zubehör	154
iPad als digitaler Bilderrahmen	92	Zurücksetzen	155
YouTube	93		

Rezept-QuickFinder für Kenner & Könner

Sie kennen sich mit iPad & iTunes bereits recht gut aus? Auch Sie werden in diesem Buch interessante Infos finden, insbesondere auf den folgenden Seiten:

Thema	Seite	Thema	Seite
WLAN-Hotspot	37	Videos streamen	97
SIM-Karte zuschneiden	41	iPad an TV-Gerät oder Beamer anschließen	98
Push-Funktion nutzen	68	Hörbücher richtig zuordnen	105
SMS vom iPad aus	85	eigene E-Books erstellen	112
Bilder ohne Umweg über den PC importieren	91	vom iPad aus drucken	120
Bildbearbeitung auf dem iPad	93	Dokumente & Co.. ohne iTunes übertragen	122
eigene Clips hochladen	95	Game Center verwenden	143
Videos umwandeln	96	Jailbreak	153

Bevor Sie loslegen, noch ein kleiner Hinweis: Im Buch werden einige Preise von Apps und iPad-Zubehör genannt – diese Preise stammen (wie alle anderen Angaben auch) von Ende März 2011 und können sich gegebenenfalls kurzfristig ändern.

2. Die sieben ersten Schritte mit Ihrem neuen iPad: Aktivieren Sie Ihr Gerät und lernen Sie die Grundfunktionen kennen

Das iPad verdankt seinen weltweiten Erfolg nicht zuletzt der einfachen Handhabung. Allerdings ist längst nicht alles selbsterklärend – dieses Kapitel nimmt Sie deshalb ab der Anschaffung des Geräts bei der Hand:

Der erste Schritt: Sie packen das Gerät aus und laden den Akku auf

Nachdem Sie Ihr iPad erworben haben, möchten Sie es am liebsten sofort verwenden. Vor der ersten Nutzung sollten Sie allerdings zunächst den iPad-Akku voll aufladen und das Gerät hierzu – mittels des mitgelieferten Anschlusskabels und Netzadapters – an die Steckdose anschließen. Mein Tipp: Verschaffen Sie sich mithilfe dieses Buches einen Überblick über alle wichtigen Funktionen, während der Akku lädt!

Hier habe ich das iPad mithilfe von Anschlusskabel und Netzadapter an die Steckdose angeschlossen.

Der zweite Schritt: Sie laden iTunes herunter und aktivieren Ihr iPad am PC

Was Sie bereits tun können, während der iPad-Akku noch auflädt: Installieren Sie die Software iTunes auf Ihrem PC – diese benötigen Sie, um das iPad zu „aktivieren". Laden Sie iTunes unter der Webadresse *http://www.apple.com/de/itunes/download* aus dem Internet.

Deaktivieren Sie zum Download die beiden Kontrollkästchen auf der Webseite (1), falls Sie keine Apple-Infos in Ihrem E-Mail-Postfach wünschen; klicken Sie dann auf *Jetzt laden* (2).

Die Aktivierung – schnell erledigt!

Der iPad-Akku ist voll aufgeladen und iTunes auf dem Computer installiert? Dann verbinden Sie das iPad nun mittels Anschlusskabel mit dem Rechner. Nach dem Anschließen wird zunächst eine Treiberinstallation durchgeführt; anschließend wird das iPad von Ihrem Computer und iTunes automatisch erkannt. Lassen Sie sich in iTunes dann durch den wenig spektakulären Aktivierungsvorgang führen, indem Sie das Gerät in der Navigationsleiste links auswählen.

Wichtig: Deaktivieren Sie – per Kontrollkästchen – die im Zusammenhang mit der Aktivierung vorgeschlagenen Synchronisierungen!

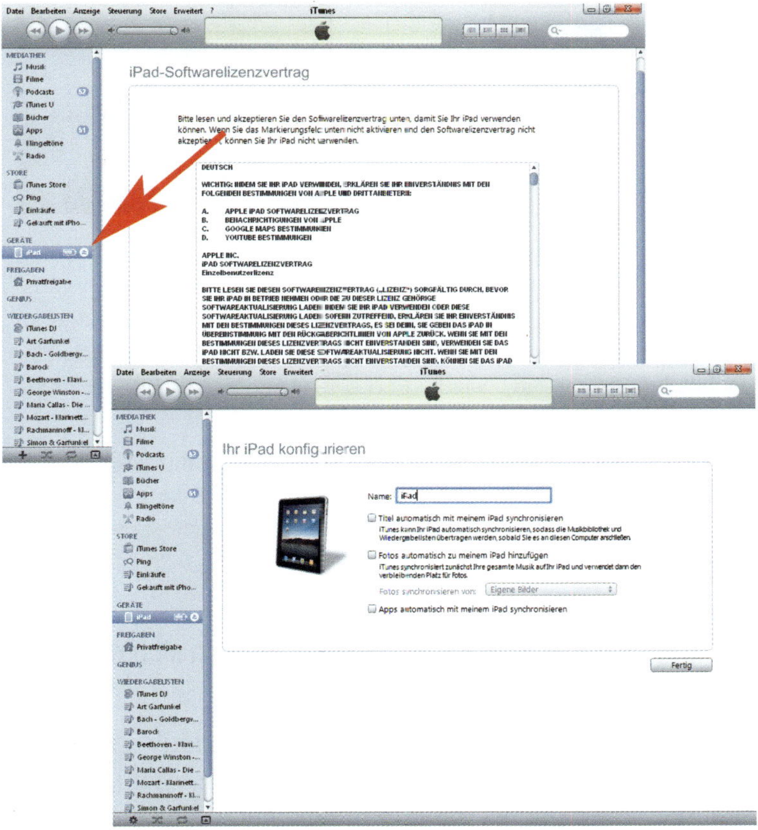

Wählen Sie das mit dem Computer verbundene iPad in iTunes aus und lassen Sie sich von einem Assistenten durch den Aktivierungsvorgang führen.

Ich werde zum Einlegen einer SIM-Karte aufgefordert: Wie gehe ich hierzu vor?

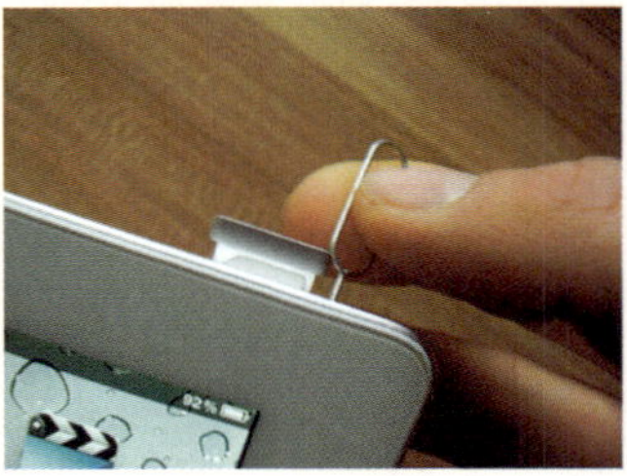

Wenn Sie über ein iPad mit 3G-Funktion verfügen (3G steht für „dritte Generation“ – gemeint sind damit schnelle Mobilfunkstandards wie UTMS), können Sie auch via Handynetz ins Internet gehen. Näheren Infos hierzu ist das Kapitel 3 gewidmet. Falls Sie bereits über die benötigte Micro-SIM-Karte verfügen, können Sie diese direkt im iPad nutzen. Verwenden Sie den dem iPad beigelegten „Piekser“, um die SIM-Lade herauszuziehen; alternativ lässt sich zu diesem Zweck auch eine aufgebogene Büroklammer verwenden. Legen Sie die Micro-SIM-Karte ein, schließen Sie das Fach wieder und entsperren Sie die SIM-Karte gegebenenfalls mit der zugehörigen PIN.

Die 3G-Funktion lässt sich auch vorübergehend deaktivieren, indem Sie auf dem iPad unter *Einstellungen* auf *Mobile Daten* tippen und den gleichnamigen Schalter nach links wischen (zur iPad-Bedienung siehe nächster Schritt).

Der dritte Schritt: Jetzt lernen Sie, wie einfach sich das iPad bedienen lässt

Die Bedienung des iPads verläuft an sich intuitiv. Lassen Sie mich Ihnen dennoch eine kurze Übersicht der wichtigsten Bedienfunktionen geben, damit Sie keine nützliche Funktion verpassen! Beginnen Sie damit, sich mit dem Äußeren des iPads vertraut zu machen; wenn Sie das Gerät vorn, seitlich und hinten betrachten, finden Sie:

- einen Systemschalter zum Ein- und Ausschalten des iPads (1)

- ein Display mit einer Auflösung von 768 x 1024 Pixeln (2)
- eine Home-Taste mit der Hauptfunktion, jeweils zum Home-Bildschirm zu wechseln (3)
- eine Kamera für Videotelefonie auf der Vorderseite (4)
- eine Kamera für sonstige Aufnahmen auf der Rückseite (5)
- einen Kopfhöreranschluss (6)
- ein Mikrofon (7)
- einen Stummschalter, der auch als Ausrichtungssperre dienen kann (8)
- Laustärketasten (9)
- einen Lautsprecher (10)
- einen Dock-Anschluss zur Verbindung des iPads mit dem PC oder anderen Geräten (11)
- sowie gegebenenfalls ein Fach für die Micro-SIM-Karte (12)

Das iPad voll im Griff: die Bedienfunktionen auf einen Blick

Was Sie in jedem Fall schon mal bereitlegen sollten: ein Mikrofasertuch, mit dem Sie das iPad-Display regelmäßig reinigen – denn die Bedienung erfolgt weitestgehend durch Berührungen des Touchscreens. Fingerabdrücke lassen sich da kaum vermeiden. Dies sind die Bedienfunktionen:

- **Systemtaste**: Drücken Sie die Systemtaste rechts oben am iPad, um dieses in den Standby-Modus zu versetzen; durch längeres Drücken schalten Sie das iPad aus bzw. ein.

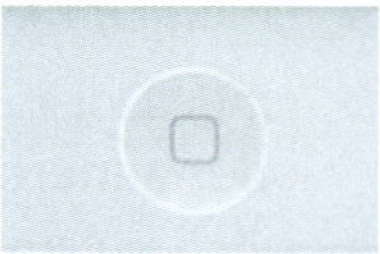

- **Home-Taste**: Durch das Drücken dieser Taste schließen Sie ein iPad-Programm (eine App) und kehren zum Home-Bildschirm zurück; wenn Sie sich bereits auf dem Home-Bildschirm befinden, rufen Sie durch das Drücken der Home-Taste die iPad-Suchfunktion auf; befindet sich das iPad im Standby-Modus, dient die Home-Taste zum „Aufwecken“; wenn Sie die Home-Taste schließlich zweimal kurz hintereinander betätigen, werden Ihnen die zuletzt geöffneten Apps sowie verschiedene iPad-Funktionen angezeigt.

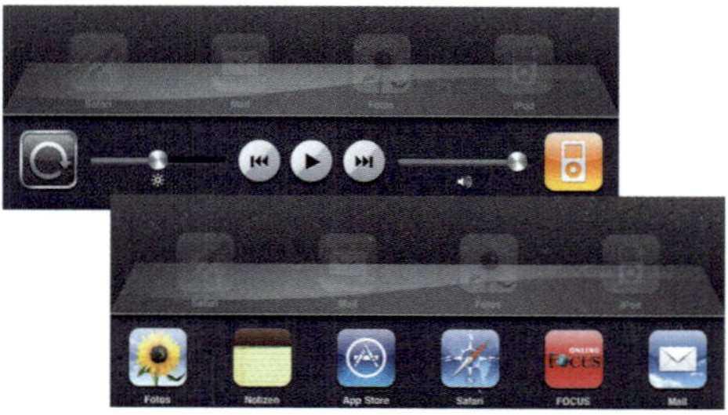

Bei zweimaligem Betätigen der Home-Taste wird unten auf dem iPad eine Leiste aufgerufen, in der Sie z. B. die zuletzt geöffneten Apps verwalten, die Display-Helligkeit einstellen oder die Musikwiedergabe steuern.

- **Tippen**: Das Tippen entspricht auf dem iPad in etwa dem Mausklick am PC; tippen Sie auf ein App-Symbol, um das entsprechende iPad-Programm zu öffnen, tippen Sie in ein Formularfeld, um dieses zu aktivieren usw. Auch das Antippen und Gedrückthalten eines Elements kann je nach verwendeter App bestimmte Funktionen auslösen.
- **Doppeltippen**: Wenn Sie auf dem iPad zweimal kurz hintereinander auf das Display tippen, wird die Seite vergrößert – dies funktioniert z. B. im Webbrowser Safari oder in der Google-Maps-App Karten. Dank dieser Zoomfunktion können Sie zukünftig auch das Kleingedruckte bequem lesen.

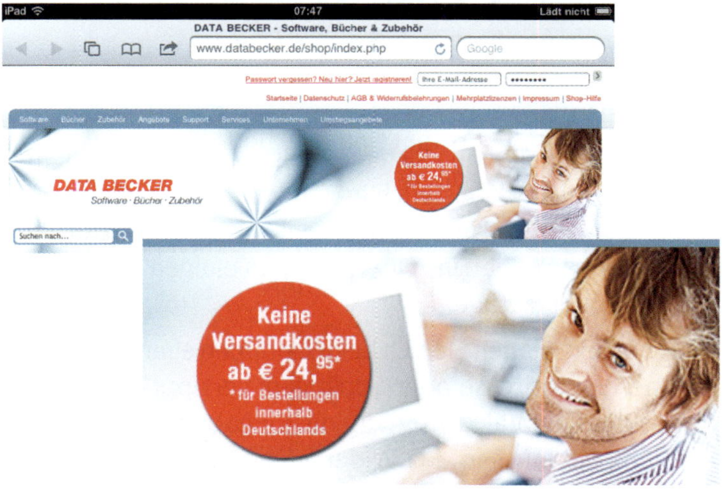

Zoomen leicht gemacht: Hierzu genügt ein Doppeltipp auf das iPad-Display – nachdem die höchste Zoomstufe erreicht ist, wird die Seite beim nächsten Doppeltipp automatisch wieder in normaler Größe angezeigt.

- **Wischen**: Wischen Sie auf dem Home-Bildschirm von links nach rechts, um sich weitere iPad-Bildschirme anzeigen zu lassen; wischen Sie auf einer Webseite von unten nach oben, um den unteren Teil der Seite zu lesen; oder wischen Sie einfach einen Schalter zur Seite, um eine Funktion ein- oder auszuschalten. Die Abbildung zeigt, wie ein Schalter zum Entriegeln des Displays nach rechts gewischt wird. Ebenfalls häufig: Wischen Sie einen Eintrag in einer App zur Seite, um eine Löschoption zu erhalten.

- **Kneifen**: Bewegen Sie auf dem iPad-Display Daumen und Zeigefinger auseinander, um die Ansicht in einer App – z. B. beim Betrachten von Webseiten – zu vergrößern; bewegen Sie Daumen und Zeigefinger zueinander, um die Ansicht wieder zu verkleinern.

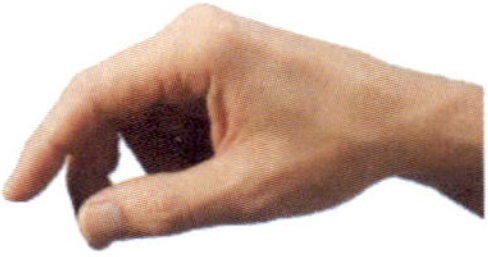

- **Drehen**: Sie können sich die meisten Inhalte auf dem iPad sowohl im Hoch- als auch im Querformat anschauen – drehen Sie das iPad in die gewünschte Position und fördern Sie durch das Drehen ins Querformat in einigen Apps nützliche Funktionen zutage.
- **Schütteln**: Haben Sie sich beim Eintippen eines E-Mail-Textes, einer Webadresse oder Sonstigem vertippt? Schütteln Sie das iPad einmal kräftig, um die Eingabe rückgängig zu machen! Sie müssen das Widerrufen der letzten Eingabe dann nur noch in einem kleinen Hinweisfenster bestätigen (siehe Abbildung).

Sie sehen: Das Bedienen des iPads stellt keine große Wissenschaft dar. Mit der Kenntnis dieser wenigen Bedienfunktionen sind Sie bereits bestens ausgerüstet, um die Möglichkeiten Ihres iPads voll ausschöpfen zu können!

Der vierte Schritt: Öffnen Sie eine App und tippen Sie Ihren ersten Text ein

Genauso wie ein PC verfügt auch das iPad über ein Betriebssystem (iOS) sowie verschiedene Programme, die bereits vorinstalliert sind. Man nennt die iPad-Programme Apps, wobei App die Abkürzung für das englische Wort „application" ist, das „Anwendung" bedeutet. Um eine App zu starten, tippen Sie einfach das entsprechende Symbol auf dem Home-Bildschirm des iPads an; in diesem Fall entscheide ich mich für die App Notizen.

Die App Notizen werden Sie in Kapitel 10 noch näher kennenlernen. Hier möchte ich Ihnen am Beispiel dieser App lediglich die iPad-Tastatur vorstellen, die automatisch eingeblendet wird, wenn Sie in das „Notizblatt“ tippen. Die Tastatur ähnelt der gewohnten PC-Tastatur, und wenn Sie das iPad ins Querformat drehen, lässt sich darauf recht komfortabel schreiben. Aber vielleicht vermissen Sie Umlaute und andere spezielle Buchstaben? Halten Sie eine Taste gedrückt, um diese anzuzeigen und – wiederum per Fingertipp – Ihre Auswahl zu treffen.

Auch Ziffern, Klammern und Co. werden Sie auf der Tastatur vermissen. Diesen wurden eine zusätzliche Tastatur gewidmet, die Sie per .?123-Taste aufrufen – mit einem Tipp auf die ABC-Taste wechseln Sie wieder zurück zur Buchstabentastatur.

Praktisch: Sie brauchen Ihre Änderungen nicht zu speichern, denn das übernimmt die App automatisch für Sie. Schließen Sie die App per Home-Taste; wenn Sie die App später wieder aufrufen, wird der zuletzt angezeigte Bildschirm erneut angezeigt.

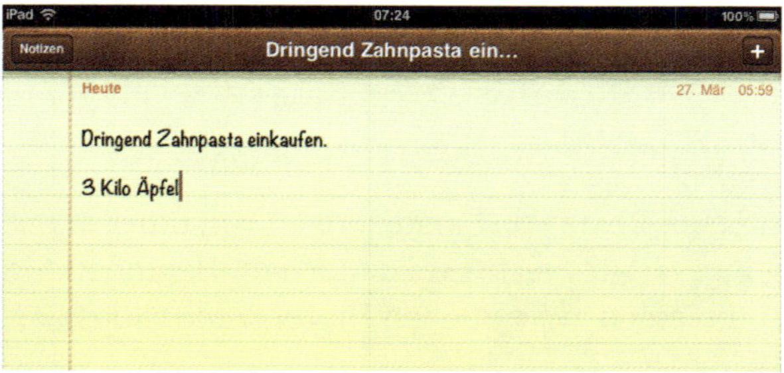

Kopieren & Einfügen – das geht auch auf dem iPad!

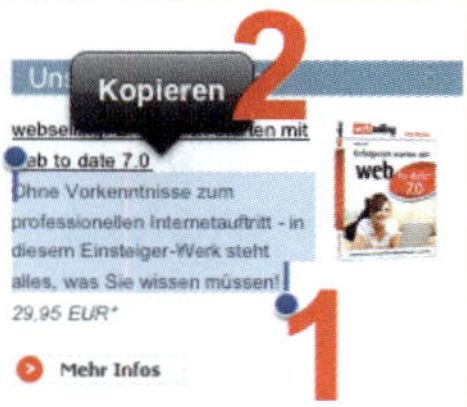

Sie möchten einen Text nicht eintippen, sondern von einer Webseite kopieren und in das Notizblatt einfügen? Auch das Kopieren & Einfügen (Copy & Paste) von Texten – sowie Bildern – ist auf dem iPad kein Problem. Tippen Sie dazu den Text an, den Sie kopieren möchten und bringen Sie die erscheinenden blauen Buttons so in Position, dass der gesamte gewünschte Text markiert wird (1). Tippen Sie dann auf *Kopieren* (2) ...

... und entscheiden Sie sich für die App, in die Sie den kopierten Text einfügen möchten. In diesem Fall tippe ich in ein Notizblatt in der App Notizen, sodass die Tastatur eingeblendet wird; dann tippe ich noch einmal hinein und halte das Notizblatt gedrückt, bis die Option *Einsetzen* (3) erscheint. Nach dem Antippen dieser Option steht der zuvor kopierte Text im Notizblatt zur Verfügung (4).

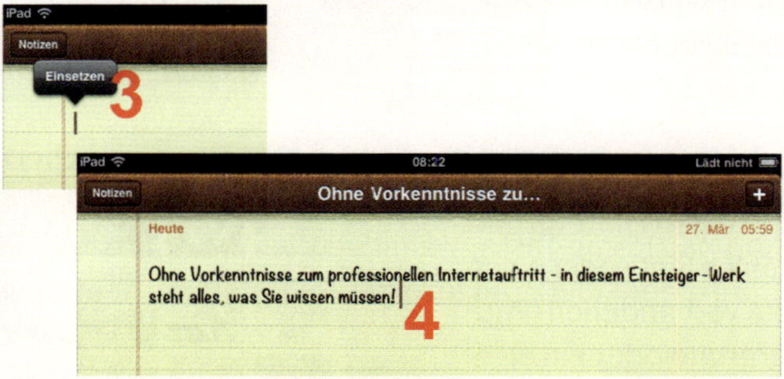

Der fünfte Schritt: Richten Sie einen anderen Hintergrund ein und nehmen Sie weitere persönliche Einstellungen vor

Nehmen Sie nun eine Reihe von Einstellungen vor, um sich mit der Bedienung Ihres iPads vertraut zu machen. Beginnen Sie mit dem Einrichten eines individuellen Hintergrundbildes.

So einfach geht es Schritt für Schritt:

1 Entscheiden Sie sich auf dem Home-Bildschirm Ihres iPads für das Symbol *Einstellungen*.

2 Wählen Sie *Helligkeit & Hintergrund* (1) und tippen Sie auf das Feld *Hintergrundbild*, in dem zwei iPad-Bildschirme abgebildet sind (2).

3 Nun müssen Sie nur per Fingertipp einen Hintergrund auswählen (entweder einen bereits vorhandenen iPad-Hintergrund oder ein eigenes Foto) ...

4 ... und im Folgenden entscheiden, ob der Hintergrund entweder nur für den Home-Bildschirm, nur für den Sperrbildschirm (dieser erscheint unmittelbar,

wenn Sie das iPad einschalten bzw. aus dem Standby-Betrieb „wecken“) oder für beide Bildschirme verwendet werden soll.

Weitere nützliche iPad-Einstellungen im schnellen Überblick

Unter *Einstellungen* sind noch viele weitere individuelle Einstellungen möglich, übrigens auch zu zusätzlichen Apps, die Sie – wie in Kapitel 4 beschrieben – auf Ihrem iPad installieren. Lassen Sie mich Ihnen hier in aller Kürze einige weitere besonders nützliche iPad-Einstellungen vorstellen:

- ***Einstellungen/Allgemein/Benutzung***: Sorgen Sie per Schalter *Batterieladung in %* – falls noch nicht eingestellt – dafür, dass die Akku-Anzeige rechts oben auf dem iPad-Display zusammen mit einer Prozentangabe dargestellt wird. So können Sie besser einschätzen, wann Sie das iPad wieder ans Stromnetz anschließen sollten.

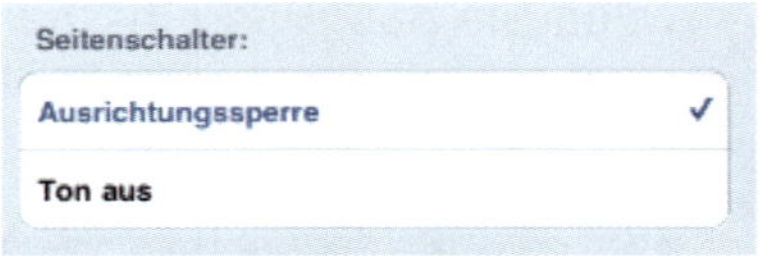

- ***Einstellungen/Allgemein***: Entscheiden Sie im Abschnitt *Seitenschalter*, ob Sie den Stummschalter seitlich am iPad lieber zur Ausrichtungssperre verwenden möchten – das iPad wechselt dann nicht mehr automatisch ins Querformat bzw. ins Hochformat, wenn Sie es drehen. (Die Ausrichtungssperre lässt sich, wenn Sie die Option *Ton aus* wählen, aktivieren, indem Sie die Home-Taste zweimal kurz hintereinander drücken und in der erscheinenden Leiste das Symbol  antippen.)

- ***Einstellungen/Allgemein/Tastatur***: Hier können Sie die *Auto-Korrektur* aktivieren, die Ihnen beim Korrigieren von Tippfehlern behilflich ist – diese Funktion kann allerdings in vielen Fällen auch nerven (Korrekturen, die Sie gar nicht wünschen), sodass Sie sie hier vielleicht lieber wieder abschalten möchten. Die weiteren Tastatur-Optionen: *Auto-Großschreibung* bewirkt, dass Buchstaben am Satzanfang immer groß geschrieben werden; mit der Option *Feststelltaste* sorgen Sie dafür, dass ein Doppeltipp auf die [Umschalt]-Taste der iPad-Tastatur bewirkt, dass alle folgenden Zeichen groß geschrieben werden; der *„."-Kurzbefehl* dient dazu, per Doppeltipp auf die [Leertaste] einen Punkt plus folgendes Leerzeichen in den Text einzufügen.
- ***Einstellungen/Allgemein/Bedienungshilfen***: Hier gibt es verschiedene Einstellungen für Personen mit Sehproblemen. Lassen Sie sich durch die Option *VoiceOver* Texte auf dem

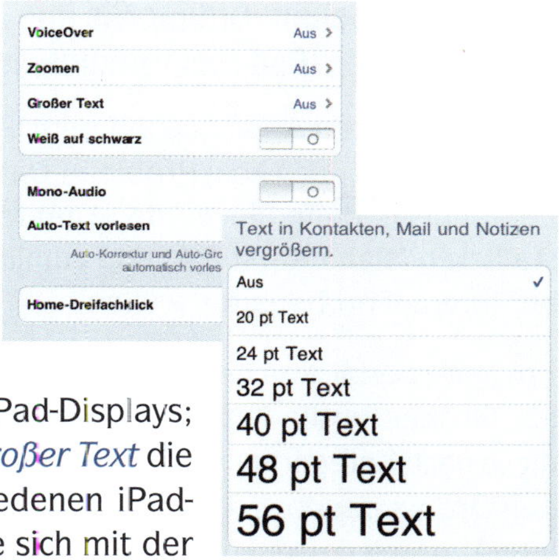

Bildschirm vorlesen (mit der Option *Auto-Text vorlesen* beschränken Sie das Vorlesen auf die automatischen Korrekturen); sorgen Sie mit der Option *Zoomen* für einen Dauer-Zoomzustand des iPad-Displays; vergrößern Sie mit *Großer Text* die Textgröße in verschiedenen iPad-Apps; oder lassen Sie sich mit der Option *Weiß auf schwarz* die iPad-Inhalte mit hohem Kontrast anzeigen. Mit der Option *Mono-Audio* schließlich beschränken Sie die Sound-Ausgabe des iPads auf Monoklänge, was bei akustischen Problemen hilfreich sein kann. (Deaktivieren Sie letztere Funktion wieder, um den gewohnten Stereo-Sound zu erhalten.)

Die Bedienungshilfen im iPad-Alltag noch schneller aufrufen

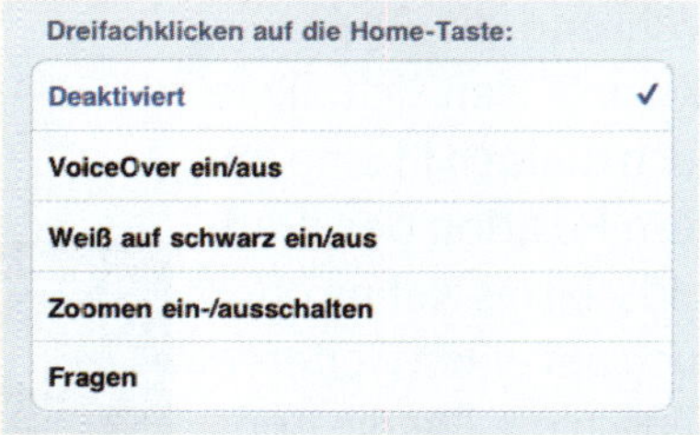

Sie benötigen die Bedienungshilfen nicht dauerhaft, aber doch hin und wieder? Tippen Sie unter *Einstellungen/Allgemein/Bedienungshilfen* auf *Home-Dreifachklick*, um einen schnelleren Zugriff auf eine oder mehrere (Option *Fragen*) Bedienungshilfen festzulegen. Zum Aufrufen der jeweiligen Bedienungshilfe genügt es dann, dreimal kurz hintereinander die Home-Taste zu betätigen.

Der sechste Schritt: Ordnen Sie Ihre Apps sinnvoll an, um auch bei vielen iPad-Programmen den Überblick zu behalten

Bei den wenigen Apps, die auf dem iPad vorinstalliert sind, ist der Überblick noch kein Problem. Das wird sich jedoch mit der Zeit ändern, denn Sie werden Hunderte spannender Apps installieren (siehe Kapitel 4) und zumindest teilweise dauerhaft auf Ihrem iPad behalten wollen.

Um den Überblick zu behalten, empfehle ich, Ordner für die Apps anzulegen und diese nach Kategorien zu sortieren. In jeden Ordner passen 20 Apps, sodass Sie Ihre Apps mit dieser Funktion übersichtlich und sinnvoll strukturieren können. Und so einfach erstellen Sie einen App-Ordner: Halten Sie eine App so lange gedrückt, bis alle Apps anfangen zu „wackeln". Schieben Sie die App dann auf eine andere App, die mit in den erstellten Ordner aufgenommen werden sollen. Geben Sie dem Ordner gegebenenfalls noch einen anderen als den vorgeschlagenen Namen. Fertig! Ziehen Sie weitere Apps auf den Ordner, um diese in den Ordner aufzunehmen. Per Home-Taste beenden Sie den Wackel-Zustand wieder.

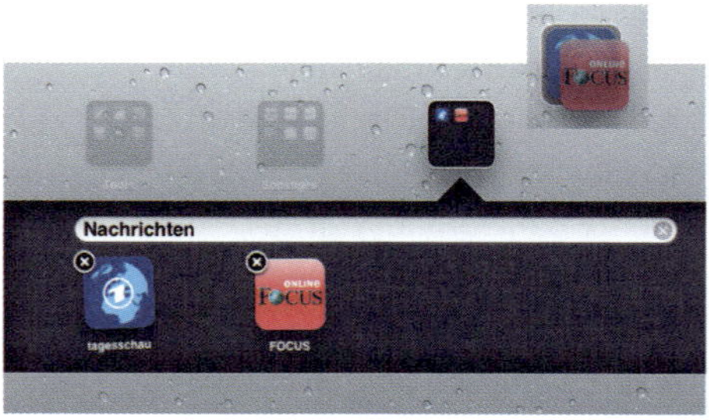

Während die Apps wackeln, lassen sich diese auch einfach in eine andere Position des iPad-Bildschirms ziehen oder auch auf einen weiteren Bildschirm. Für die Apps können insgesamt bis zu elf Bildschirme angelegt werden; auf jeden Bildschirm passen bis zu 20 Apps oder App-Ordner – Sie können also theoretisch bis zu 4.400 Apps (11 x 20 x 20) auf Ihrem iPad speichern!

Meine Empfehlung: Nutzen Sie zum komfortableren Verschieben der Apps iTunes am PC. Wenn Sie in iTunes das angeschlossene iPad auswählen (**1**) und sich für die Kategeorie *Apps* entscheiden (**2**), finden Sie eine Darstellung der einzelnen iPad-Bildschirme (**3**). Ordnen Sie die Apps dort bei gedrückter Maustaste an und bestätigen Sie die Änderungen abschließend mit einem Klick auf *Anwenden* (**4**).

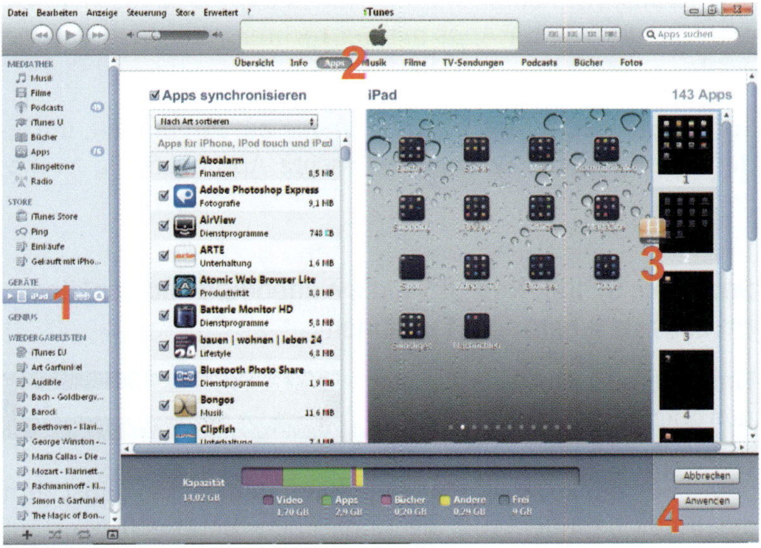

Zu den genannten 4.400 Apps kommen übrigens noch die Apps, die unten auf dem Display fixiert und dadurch auf jedem Bildschirm zu sehen sind. Auch diese Apps lassen sich im Wackelzustand verschieben bzw. durch andere Apps austauschen oder ergänzen. In der Leiste finden bis zu sechs Ihrer wichtigsten Apps Platz.

Möchten Sie eine nicht mehr benötigte App vom iPad löschen? Nichts leichter als das: Im Wackelzustand findet sich bei jeder App (außer den vorinstallierten Apps, diese lassen sich nicht löschen) ein ⊗-Symbol, das Sie antippen, um die entsprechende App zu entfernen. Um einen App-Ordner zu löschen, entfernen Sie alle darin befindlichen Apps bzw. ziehen diese aus dem Ordner heraus. (Um eine App aus iTunes am PC zu löschen, klicken Sie diese unter *Apps* mit der rechten Maustaste an und wählen *Löschen*.)

Sorgen Sie von Anfang an für Ordnung auf Ihrem iPad, um jederzeit schnell die gerade gewünschte App ausfindig zu machen!

Der siebte Schritt: Nutzen Sie die eingebaute Suchfunktion, um alles Gesuchte sofort zu finden!

Eine Alternative bzw. Ergänzung zum oben vorgestellten Ordnungssystem ist die in das iPad eingebaute Suchfunktion. Wenn Sie sich auf dem Home-Bildschirm des iPads befinden und die Home-Taste betätigen oder auf dem Display nach rechts wischen, wird das entsprechende Suchfeld angezeigt. Tippen Sie dort ein, wonach Sie suchen – bereits während des Eintippens werden Ihnen die passenden Treffer angezeigt, und Sie können die gewünschte App, aber auch Kontakte, Musiktitel usw. bequem auswählen. Alternativ lässt sich auch eine Suche nach dem eingegebenen Begriff in einer Internetsuchmaschine oder in der Online-Enzyklopädie Wikipedia starten.

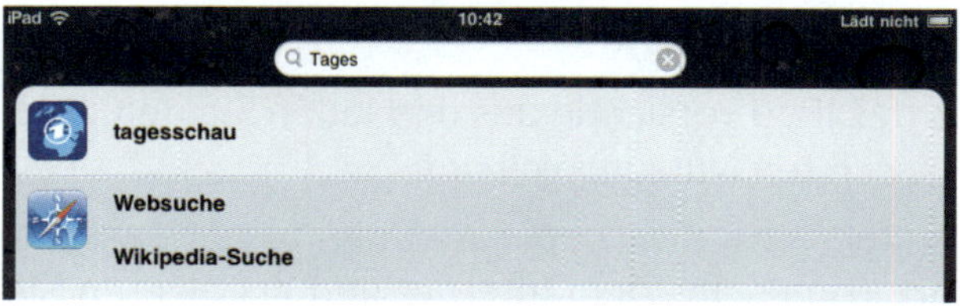

Bei sehr vielen auf dem iPad gespeicherten Elementen könnte die Trefferliste unübersichtlich werden. Beschränken Sie die Suche in diesem Fall auf die am häufigsten benötigten Elemente, also z. B. Apps und Kontakte. Nehmen Sie diese Einstellung unter *Einstellungen/Allgemein/Spotlight-Suche* vor, indem Sie durch Antippen einzelner Elemente die Häkchen entfernen. (Spotlight bedeutet übrigens so viel wie „Suchscheinwerfer" – es ist gleichzeitig die Bezeichnung für die iPad-Suchfunktion.)

Die Suchergebnisse der iPad-Suche erscheinen in der Reihenfolge, die unter *Einstellungen/Allgemein/Spotlight-Suche* festgelegt ist. Wünschen Sie eine andere Reihenfolge, halten Sie das Symbol gedrückt und ziehen ein Element in eine andere Position.

Stop & Go

- Packen Sie das iPad vorsichtig aus und laden Sie den iPad-Akku vor der ersten Nutzung voll auf.
- Laden Sie unter *http://www.apple.com/de/itunes/download* die Software iTunes aus dem Internet und installieren Sie diese auf Ihrem Computer. Verbinden Sie anschließend Ihr iPad mit dem Computer, wählen Sie dieses in iTunes aus und nehmen Sie zunächst die Aktivierung vor.
- Machen Sie sich mit dem Äußeren des iPads vertraut: Lernen Sie System- und Home-Taste kennen, entdecken Sie Mikrofon und Lautsprecher, die Lautstärketasten, die Kameras und weitere Elemente.
- Machen Sie sich fit in Sachen iPad-Bedienung: Die meisten Funktionen lassen sich durch Tippen oder Wischen aufrufen – aber nicht alle!
- Öffnen Sie die App Notizen und tippen Sie Ihren ersten Text ein; machen Sie sich hierbei mit den Besonderheiten der iPad-Tastatur vertraut. Vermissen Sie das [Ä]? Halten Sie das [A] gedrückt, bis ein Auswahlfenster erscheint.
- Nehmen Sie unter *Einstellungen* wichtige und nützliche Einstellungen zum iPad vor: Wählen Sie z. B. einen individuellen Hintergrund aus, lassen Sie sich den Akku-Ladestand in Prozent anzeigen oder verwenden Sie bei Sehproblemen die iPad-Bedienungshilfen.
- Halten Sie Ordnung auf Ihrem iPad! Halten Sie eine App gedrückt, um alle Apps in den „Wackel-Zustand" zu bringen. Die Apps lassen sich nun verschieben; durch das Übereinanderschieben von Apps erstellen Sie einen App-Ordner.
- Trotz Ordnung finden Sie die gesuchte App, einen Kontakt oder ein anderes Element nicht auf Anhieb? Nutzen Sie die iPad-Suche!

3. WLAN & UMTS: Richten Sie mit wenigen Handgriffen Ihre Internetverbindung ein

Ohne Internet können Sie mit dem iPad relativ wenig anfangen. Erfahren Sie deshalb in diesem Kapitel, wie Sie die Internetverbindung auf dem iPad einrichten:

Eine Verbindung mit Ihrem Heim-WLAN herstellen – so klappt es problemlos

Um mit dem iPad auch zu Hause ins Internet gehen zu können, ist die Verbindung zum Heim-WLAN die Methode der Wahl. Ein Gerät, meist der sogenannte WLAN-DSL-Router, hilft dabei, Daten aus dem Internet zu laden und drahtlos an Ihr iPad weiterzuleiten – im ganzen Haus und sogar draußen im Garten.

Drei Dinge sind in diesem Zusammenhang neben dem Einrichten der Internetverbindung zu beachten: die WLAN-Funktion am Router muss selbstverständlich aktiviert sein (1); Sie sollten außerdem dringend einen Sicherheitsschlüssel für den Zugriff auf den Router einrichten (2); und Sie müssen, sofern aktiviert, das iPad einer „Zugriffsliste" hinzufügen, also einer Liste der Geräte, die auf das WLAN zugreifen dürfen (3).

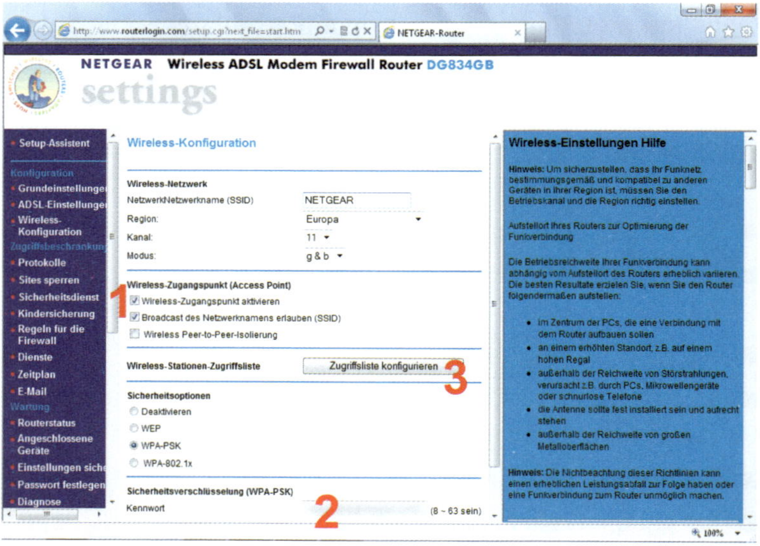

Die Konfigurationsprogramme der einzelnen Router unterscheiden sich meist stark – die grundlegenden Funktionen stimmen aber überein; hier als Beispiel das Konfigurationsprogramm eines Netgear-Routers.

Um die entsprechenden Einstellungen vorzunehmen bzw. zu überprüfen, rufen Sie das Konfigurationsprogramm des WLAN-DSL-Routers auf. In der Bedienungsanleitung finden Sie die Adresse, die im Webbrowser am PC zu laden ist – bei meinem Netgear-Router beispielsweise *www.routerlogin.com*, bei einer FRITZ!Box *fritz.box*, manchmal geben Sie auch schlicht die sogenannte IP-Adresse des Routers ein, etwa *192.168.0.1*.

Falls Sie die IP-Adresse herausfinden möchten: Führen Sie im Startmenü unter *Alle Programme/Zubehör* die *Eingabeaufforderung* aus; geben Sie *ipconfig* ein und betätigen Sie die [Enter]-

Taste – die IP-Adresse des Routers wird als *Standardgateway* aufgeführt.

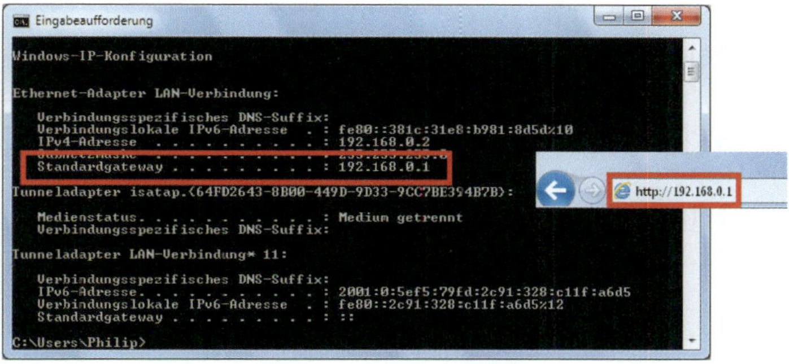

Die IP-Adresse des Routers lässt sich per Befehl ipconfig in der Eingabeaufforderung herausfinden; laden Sie die Adresse anschließend im Adressfeld Ihres Webbrowsers, um das Konfigurationsprogramm zu öffnen.

Mit wenigen Schritten ins Internet: Jetzt nehmen Sie Verbindung auf

Nachdem das WLAN-Gerät eingerichtet ist, können Sie mit dem iPad eine Verbindung dazu herstellen. So geht es Schritt für Schritt:

1 Tippen Sie auf dem Home-Bildschirm Ihres iPads auf *Einstellungen* und entscheiden Sie sich in der Leiste links für den Eintrag *Wi-Fi*.

2 Tippen Sie nun auf Ihr WLAN-Gerät, das vom iPad automatisch erkannt wird, wobei die Option *Wi-Fi* selbstverständlich auch am iPad aktiviert sein muss. (Positionieren Sie sich zum Herstellen der Verbindung am besten

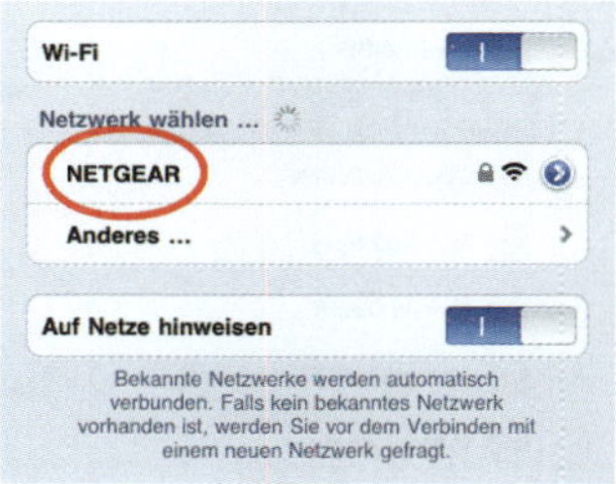

in der Nähe des WLAN-Geräts, damit es keine Verbindungsprobleme gibt.)

3 Geben Sie nun den Sicherheitsschlüssel ein, den Sie im Router vergeben haben (1). Tippen Sie anschließend auf *Verbinden* (2).

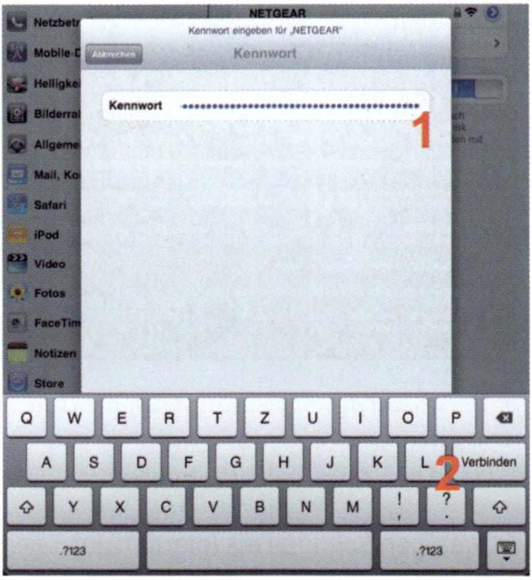

5 Fertig! Die Verbindung wurde hergestellt, was sowohl am Häkchen ✓ beim WLAN-Gerät zu erkennen ist (1) als auch am WLAN-Symbol links oben auf dem iPad-Display (2). Das Herstellen der Verbindung ist selbstverständlich nur einmalig notwendig – anschließend stellt das iPad die Verbindung jeweils automatisch her.

WLAN unterwegs? Ebenfalls kein Problem!

Auch wenn Sie auf Achse sind, können Sie auf die oben gezeigte Weise eine Verbindung zu einem WLAN herstellen. WLANs gibt es z. B. in vielen Hotels, an praktisch allen Flughäfen und an vielen weiteren Orten. Man spricht in diesem Zusammenhang von sogenannten Hotspots, die teils kostenlos, teils kostenpflichtig sind.

Allein die Deutsche Telekom bietet – nach eigenen Angaben – mehr als 8.000 Hotspots in Deutschland und weltweit sogar über 12.000. Unter der Webadresse *http://www.hotspot.de* finden Sie eine Übersicht über die aktuellen Tarife sowie einen Hotspot-Finder. Bezahlt werden kann unter anderem per Kreditkarte oder via Bezahldienst PayPal.

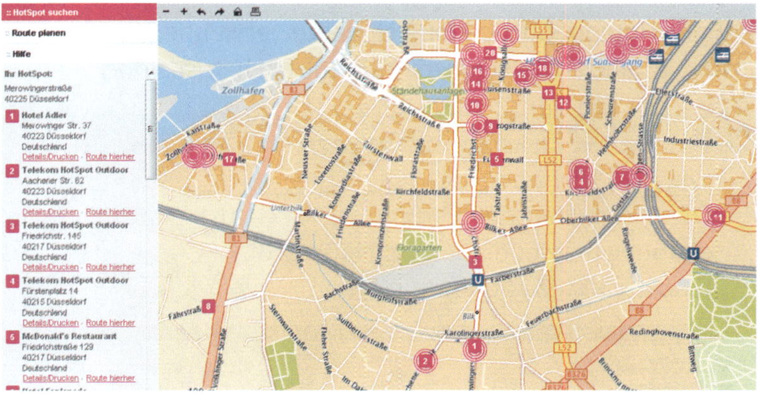

Hier habe ich nach Telekom-Hotspots in der Nähe der DATA BECKER-Firmenzentrale gesucht, und es werden nicht wenige gefunden.

Die Deutsche Telekom ist selbstverständlich nicht der einzige Hotspot-Betreiber. Eine Datenbank mit weit über 30.000 Hotspots finden Sie z. B. unter der Webadresse *http://www.hotspot-locations.de*. Hier lässt sich die Suche auch auf kostenlose Hotspots begrenzen.

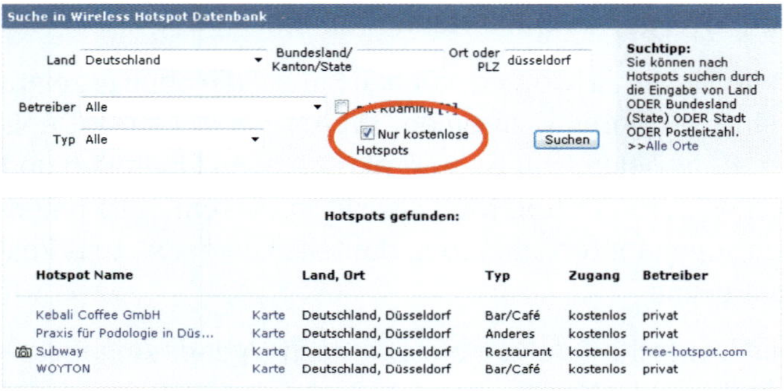

Praktisch für den schmalen Geldbeutel: Unter http://www.hotspot-locations.de lässt sich die Hotspot-Suche auf kostenlose Hotspots begrenzen.

Eine Website, die Sie ebenfalls kennen sollten, ist *http://www.free-hotspot.com*, die sich auf kostenlose Hotspots spezialisiert hat – diese Website ist allerdings englischsprachig, und Sie sollten bei der Hotspot-Suche keine Umlaute verwenden, suchen Sie also z. B. nach *duesseldorf* und nicht nach *düsseldorf*.

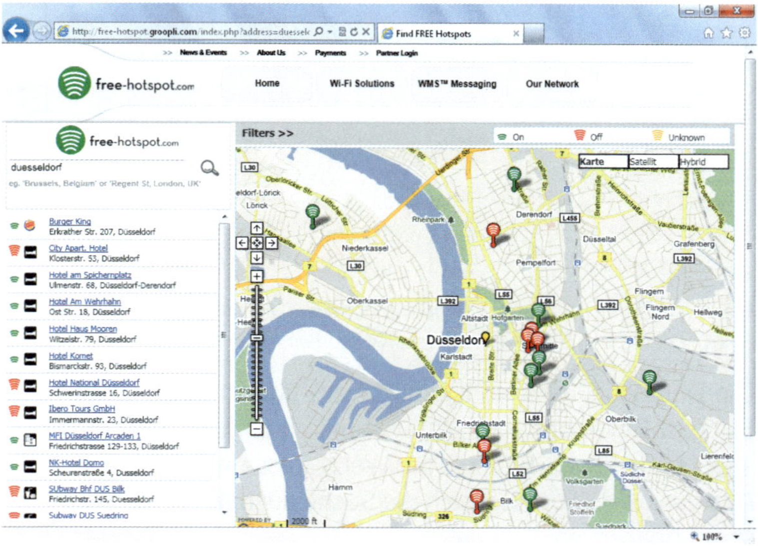

Für die Suche nach Hotspots stehen übrigens auch eine stattliche Anzahl an Apps zur Verfügung. Empfehlenswert in diesem Zusammenhang ist die App Wi-Fi Finder, die es unter anderem auch ermöglicht, Hotspots offline – also ohne bestehende Internetverbindung – zu suchen. (Wie Sie diese und andere Apps herunterladen, erfahren Sie in Kapitel 4.)

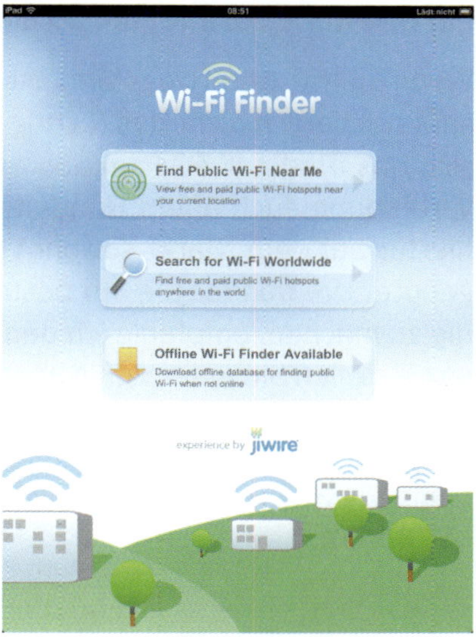

Nach eigenen Angaben listet die App Wi-Fi Finder rund eine halbe Million Hotspots weltweit auf; für die Offlinenutzung muss zunächst eine Datenbank heruntergeladen werden.

Gerade kein Internet gewünscht? WLAN & Co. blitzschnell abschalten

Sie möchten das iPad im Flugzeug nutzen oder einfach ungestört Ihren Debütroman ins iPad tippen? Aktivieren Sie unter *Einstellungen* den *Flugmodus*, um sämtliche Datenverbindungen zu kappen, neben der WLAN-Verbindung auch die „mobilen Daten" via SIM-Karte, Bluetooth (ermöglicht drahtlose Verbindungen z. B. mit einer Bluetooth-Tastatur) sowie die Ortungsdienste. Wenn der Flugmodus aktiviert ist, wird dies durch das Symbol ✈ links oben auf dem iPad-Display angezeigt. Der Flugmodus ist übrigens auch eine nützliche Funktion zum Stromsparen!

Per SIM-Karte ins Internet: So finden Sie den besten Anbieter

Wenn Sie viel unterwegs sind, ist die ständige Suche nach Hotspots sicherlich nicht das Richtige für Sie. In diesem Fall bietet sich das iPad mit 3G-Funktion an, das eine schnelle Internetverbindung auch übers Handynetz ermöglicht. Es finden sich hierfür auf dem Markt sowohl Vertrags- als auch Prepaid-Angebote. Um das für Sie am besten geeignete Angebot ausfindig zu machen, empfehle ich den Preisvergleichsanbieter Verivox – stellen Sie unter der Webadresse *http://www.verivox.de/mobiles-internet* einen Vergleich an.

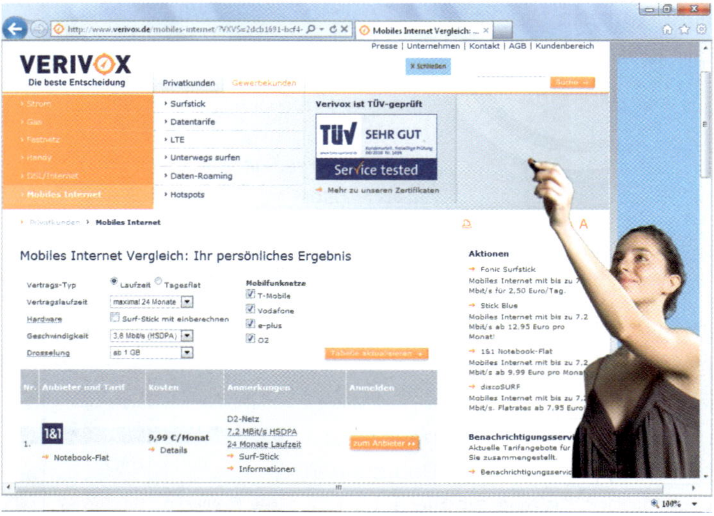

Achten Sie in jedem Fall auf Folgendes: Für das iPad benötigen Sie eine Micro-SIM-Karte, die wesentlich kleiner ist als eine herkömmliche SIM-Karte. Mutige können eine SIM-Karte gegebenenfalls ins Micro-Format zuschneiden (siehe Tippbox). Meine generelle Empfehlung: Entscheiden Sie sich gegen lange Vertragslaufzeiten, da sich Tarife in diesem Bereich schnell zu Ihren Gunsten ändern können!

Für Bastler: So bringen Sie eine SIM-Karte ins Micro-Format

Wenn Sie nicht über eine Micro-SIM-Karte verfügen, können Sie prinzipiell auch eine normale SIM-Karte entsprechend zuschneiden. Hier die Anleitung – das Zuschneiden erfolgt aber auf eigene Gefahr!

Das Prinzip ist einfach: Schneiden Sie mit einer Schere oder einem Cutter den Chip aus der SIM aus. Wenn Sie wollen, können Sie hierfür zuvor eine Schablone im Format 12 x 15 mm erstellen. Der Chip darf nicht beschädigt werden!

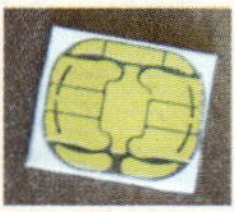

Die Micro-SIM-Karte ist bereits fast fertig. Sie müssen nur noch an einer Ecke ein Stück wegschneiden, und zwar wieder dicht am Chip, also Vorsicht!

Passt die Micro-SIM-Karte? Gegebenenfalls muss noch ein wenig an den Rändern gefeilt werden, bevor Sie die selbst gebastelte Micro-SIM-Karte – ohne Gewalt – in die SIM-Lade Ihres iPads einfügen können.

Mobile Daten aktivieren und los geht's: per UMTS ins Internet

Ich selbst nutze für den mobilen Internetzugang eine Prepaid-Karte von BILDmobil (*http://www.bildmobil.de*). Lassen Sie mich Ihnen Schritt für Schritt zeigen, wie ich damit eine Internetverbindung herstelle:

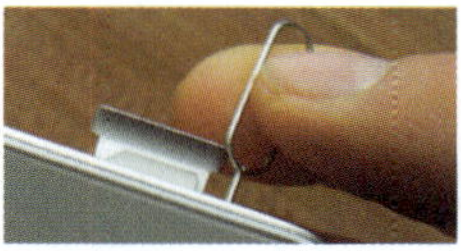

1 Legen Sie zunächst die Micro-SIM-Karte in die dafür vorgesehene Lade ein.

2 Die mit einer PIN (Geheimzahl) geschützte SIM-Karte muss nun zunächst entsperrt werden. Hierzu tippen Sie auf *Entsperren* und geben die entsprechende PIN ein.

3 Sind die „mobilen Daten“ bereits aktiviert? Aktivieren Sie diese ansonsten, indem Sie unter *Einstellungen/Mobile Daten* (1) den Schalter *Mobile Daten* nach rechts wischen (2). Manchmal werden Sie den Zugangspunkt (*APN-Einstellungen*) des jeweiligen Betreibers manuell eingeben müssen (3). Meine Empfehlung: Deaktivieren Sie die *SIM-PIN*, damit Sie diese nicht bei jeder Nutzung aufs Neue entsperren müssen (4). Die Option *Daten-Roaming* (5) betrifft lediglich die – unter Umständen teure, befragen Sie dazu Ihren Anbieter! – Nutzung der „mobilen Daten“ im Ausland.

4 Speziell bei meinem Prepaid-Tarif muss ich mich nun noch mit einem „Surfpaket“ ins Internet einwählen. Bei einer Flatrate können Sie jedoch gleich lossurfen!

Stop & Go

- Richten Sie Ihren WLAN-DSL-Router für den Internetzugang auch mit dem iPad ein. Achten Sie hierbei darauf, dass die WLAN-Verbindung aktiviert ist, dass Sie einen Sicherheitsschlüssel vergeben und dass Sie das iPad gegebenenfalls in die „Zugriffsliste" aufnehmen.
- Die WLAN-Verbindung herstellen: Kein Problem unter *Einstellungen/Wi-Fi*. Wählen Sie dort einfach Ihr WLAN aus und verbinden Sie sich nach Eingabe des Sicherheitsschlüssels.
- WLAN-Zugang auch unterwegs: In Deutschland, Österreich, der Schweiz und weltweit gibt es dazu jede Menge Hotspots, die teils kostenlos, teils kostenpflichtig sind. Kostenpflichtige Hotspots der Deutschen Telekom ermitteln Sie unter *http://www.hotspot.de*; Tausende weiterer Hotspots finden Sie unter der Webadresse *http://www.hotspot-locations.de*; eine auf kostenlose Hotspots spezialisierte Website rufen Sie unter *http://www.free-hotspot.com* auf.
- Hotspots per App auch ohne Internetverbindung aufspüren: Nutzen Sie hierfür z. B. die iPad-App Wi-Fi Finder.
- WLAN- und andere Datenverbindungen einfach abschalten: Aktivieren Sie dazu unter *Einstellungen* den *Flugmodus*.
- Lieber via Handynetz ins Internet? Beim Preisvergleichsanbieter Verivox ermitteln Sie den günstigsten Anbieter unter der Webadresse *http://www.verivox.de/mobiles-internet*.
- Falls Sie nur über eine normale SIM-Karte verfügen: Mit ein wenig Geschick lässt sich diese ins Micro-Format zuschneiden – aber hier ist äußerste Vorsicht angesagt!
- Um per Handynetz ins Internet zu gelangen, legen Sie die Micro-SIM-Karte in die Lade ein, entsperren diese per PIN und aktivieren gegebenenfalls unter *Einstellungen/Mobile Daten* die „mobilen Daten".

4. iTunes & App Store: Hier laden Sie Musik, Videos oder Apps herunter

Musik, Videos, Apps und weitere Inhalte – in diesem Kapitel stelle ich Ihnen iTunes und App Store vor, um zukünftig alle Möglichkeiten des iPads voll ausschöpfen zu können:

Ohne geht gar nichts: Legen Sie zunächst einen iTunes-Account an

Apple bietet Ihnen mit iTunes und dem App Store die Möglichkeit, Musik, Videos, Apps sowie eine Reihe weiterer Inhalte aus dem Internet direkt auf das iPad herunterzuladen. Voraussetzung ist lediglich ein entsprechender Account, der sich mit wenigen Handgriffen einrichten lässt, Voraussetzung ist allerdings die Verfügbarkeit einer E-Mail-Adresse (siehe dazu Kapitel 5):

1 Entscheiden Sie sich unter *Einstellungen* für den Eintrag *Store* (1) und tippen Sie auf *Anmelden* (2).

2 Entscheiden Sie sich für *Neue Apple-ID erstellen* (1) und bestätigen Sie das Land im Folgenden mit *Weiter* (2). (Sie können zum Einkaufen in ausländischen Stores mehrere Accounts anlegen; dies empfehle ich jedoch erst dann, wenn Sie mit iTunes & App Store richtig vertraut sind.)

3 Jetzt ist etwas Tipparbeit angesagt: Nachdem Sie die Geschäfts- und Datenschutzbedingungen bestätigt haben, geben Sie eine Reihe persönlicher Daten an, vergeben ein Passwort und – in diesem Fall notwendig – machen Angaben zur Kreditkarte oder iTunes-Guthabenkarte (Letztere sind z. B. in REWE-Märkten erhältlich).

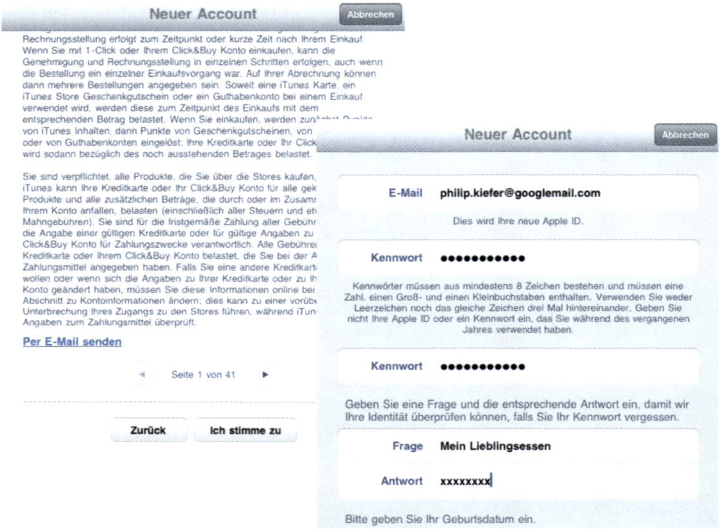

4 Zum Abschluss erhalten Sie eine E-Mail zugesandt, in der Sie auf den Link *Jetzt überprüfen* klicken und sich mit den zuvor gegebenen Daten anmelden, um den Vorgang abzuschließen.

Liebe(r) Philip Kiefer,

Sie haben philip.kiefer@googlemail.com als Kontakt-E-Mail-Adresse für Ihre Apple-ID eingegeben. Um den Vorgang abzuschließen, müssen wir überprüfen, dass diese E-Mail-Adresse Ihnen gehört. Klicken Sie dazu bitte auf den unten stehenden Link und melden Sie sich mit Ihrer Apple-ID und dem zugehörigen Kennwort an.

Jetzt überprüfen >

Sie fragen sich, warum Sie diese E-Mail erhalten?
Sie wird versendet, wenn jemand eine Kontakt-E-Mail-Adresse für einen Apple-ID Account hinzufügt oder ändert. Falls Sie dies nicht getan haben, brauchen Sie sich keine Sorgen zu machen. Ihre E-Mail-Adresse kann nicht ohne Ihre Bestätigung als Kontaktadresse für eine Apple-ID verwendet werden.

Weitere Informationen hierzu finden Sie in den häufig gestellten Fragen.

Vielen Dank.
Ihr Apple Kundensupport

Sie haben keine Kredit- oder iTunes-Guthabenkarte? Der iTunes-Account lässt sich auch ohne erstellen

Für den Einsteiger kann es durchaus sinnvoll sein, zunächst einen Account ohne Kredit- oder Guthabenkarte einzurichten - und natürlich auch dann, wenn Sie nicht über entsprechende Karten verfügen. Sie können dann zwar nur kostenlose Inhalte herunterladen, laufen aber dafür nicht Gefahr, versehentlich zwei Buttons zu betätigen und mehrere Euros los zu sein. So wird's gemacht: Öffnen Sie auf dem Home-Bildschirm des iPads den App Store und wählen Sie eine Gratis-App aus wie etwa den vorhin vorgestellten Wi-Fi Finder. Wenn Sie sich für die Installation der App entscheiden, werden Sie zum Anlegen eines Accounts aufgefordert, das dem obigen Vorgang entspricht; der Unterschied allerdings: Als Kreditkarte können Sie die Option *Keine* auswählen.

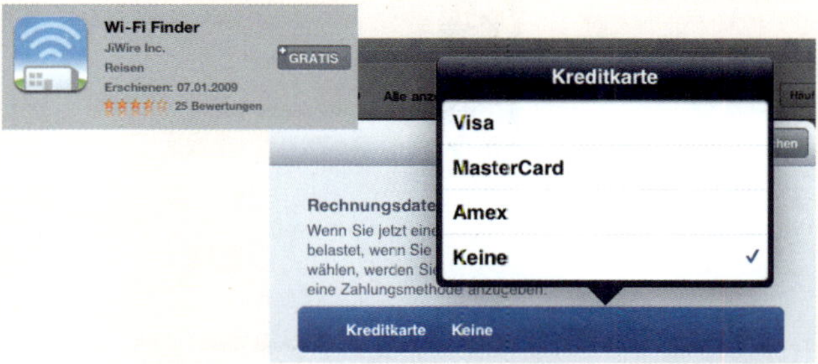

So stöbern Sie in iTunes nach Musik, Filmen und weiteren spannenden Inhalten

Apple liefert mit iTunes einen Shop auf dem iPad mit, in dem Sie sich mit multimedialen Inhalten eindecken können. Sie öffnen iTunes per Tipp auf das gleichnamige Symbol. Machen Sie sich zunächst mit der Bedienoberfläche vertraut: Sie finden unten in iTunes eine Kategorienleiste zur Auswahl insbesondere der verschiedenen Medien (1); das Suchfeld rechts oben in iTunes dient zum Durchstöbern aller Medien nach Ihren Suchbegriffen (2); die Buttons links neben dem Suchfeld helfen Ihnen beim Auffinden besonderer Highlights (3); im Hauptbereich der Bedienoberfläche werden Ihnen die jeweils gewählten Inhalte angezeigt (4).

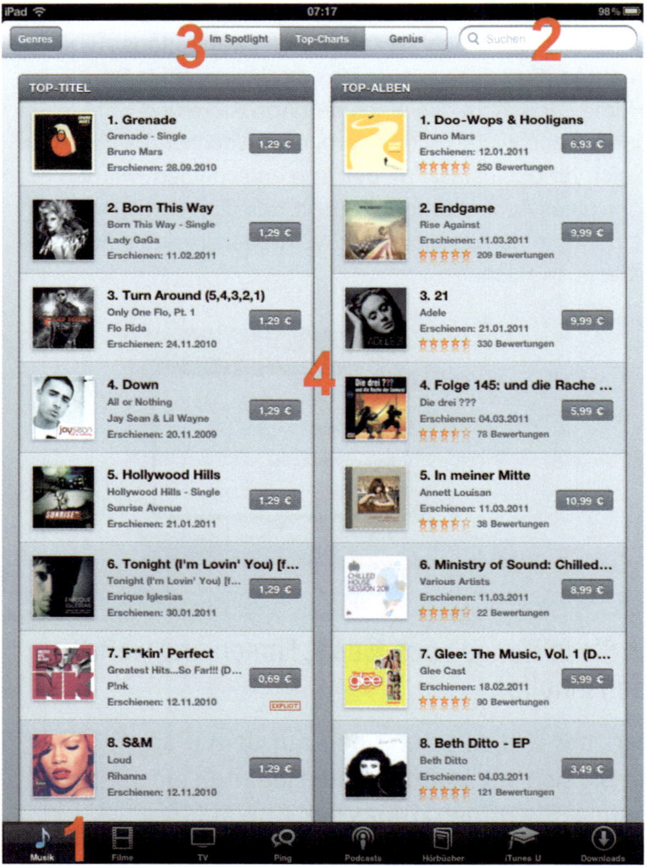

Lassen Sie mich Ihnen einen kleinen Überblick über die einzelnen iTunes-Kategorien geben; Sie finden:

- ***Musik***: Laden Sie hier einzelne Musiktitel oder komplette Alben herunter; per Button *Genres* links oben in der Benutzeroberfläche, lassen sich die angezeigten Titel auf Pop, Jazz, Klassik und zahlreiche weitere Genres begrenzen.

- ***Filme***: Die Alternative zur DVD! Kaufen oder „leihen" Sie Filme bei iTunes; kurze Trailer zu den Filmen lassen sich kostenlos abrufen.

- ***TV***: Unter dieser Kategorie finden Sie TV-Sendungen aller Art – auch vollständige Staffeln Ihrer Lieblingsserie können Sie hier herunterladen.

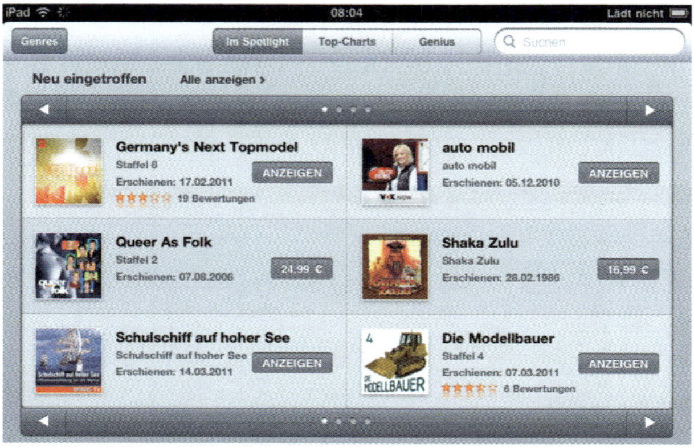

- ***Ping***: Ping ist eine Art soziales Netzwerk, bei dem es um das Vorstellen, Bewerten und Beobachten der eigenen Lieblingsmusik bzw. -interpreten geht. Wenn Sie sich dafür interessieren, können Sie Ping in iTunes am PC einrichten, in der Leiste links finden Sie einen entsprechenden Menüeintrag.

- ***Podcasts***: Podcasts sind kostenlose Sendungen, die sich sowohl im Audio- als auch im Videoformat auf das iPad laden lassen. Das können Hörbücher sein, TV-Sendungen, Radio-Diskussionen und mehr.

- ***Hörbücher***: Bücher zum Anhören kaufen – eine gute Alternative zum gedruckten Buch bzw. E-Book (zum Thema E-Book lesen Sie alles in Kapitel 9).

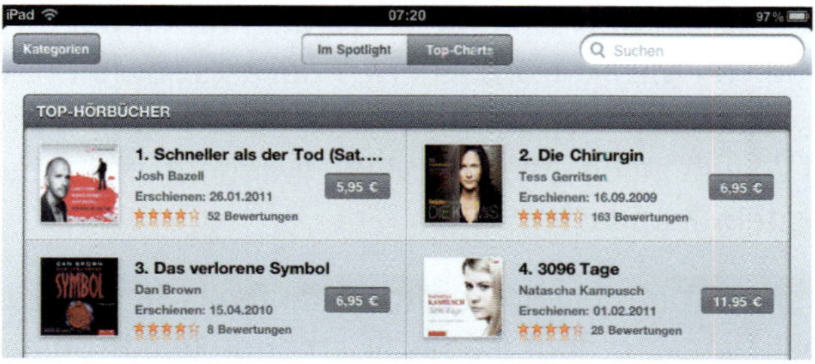

- ***iTunes U***: Wecken Sie das Genie in sich! Hier finden Sie kostenlose Uni-Vorlesungen aus aller Welt zum Nulltarif; auch einige deutschsprachige Universitäten stellen Inhalte bereit. Suchen Sie nach Themen, die Sie besonders interessieren!

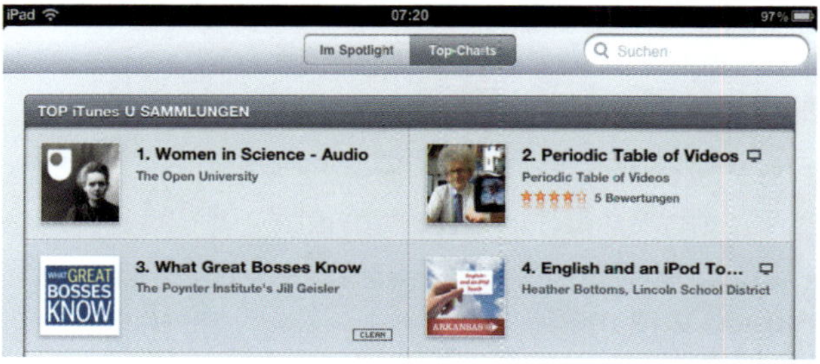

- ***Downloads***: Hier werden die Dateien angezeigt, die Sie gerade aus iTunes herunterladen – sozusagen ein Download-Manager, in dem Downloads auch pausiert und fortgesetzt werden können.

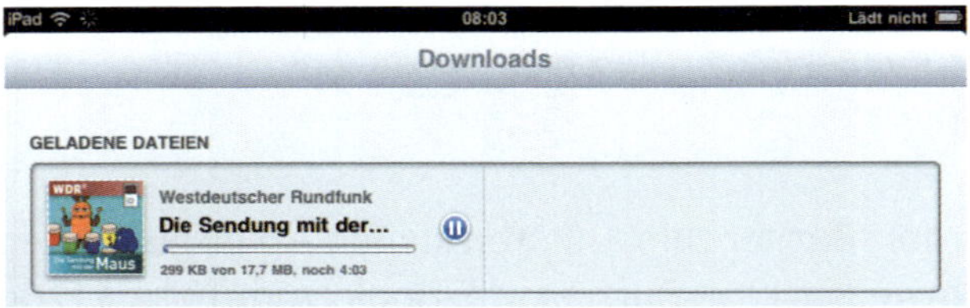

Zur Wiedergabe der heruntergeladenen Medien stehen Ihnen auf dem iPad zwei Apps zur Verfügung: die App iPod zur Wiedergabe von Musik, Hörbüchern, Podcasts sowie Uni-Vorlesungen; außerdem die App Videos zur Wiedergabe von Filmen und TV-Sendungen. Alles zur Medienwiedergabe lesen Sie in den Kapiteln 7 und 8!

Sie möchten in iTunes einen Musiktitel kaufen? Mit dem zuvor angelegten iTunes-Account ist das überhaupt kein Problem:

1 Suchen Sie nach dem entsprechenden Interpreten oder Musiktitel. In diesem Fall suche ich nach *art garfunkel* (1) und tippe ein Album an, das mich interessiert (2).

2 Ich möchte nicht das gesamte Album kaufen, sondern nur einen Musiktitel. Zunächst klicke ich bei einem Titel auf die zugehörige Nummer, um ihn Probe zu hören.

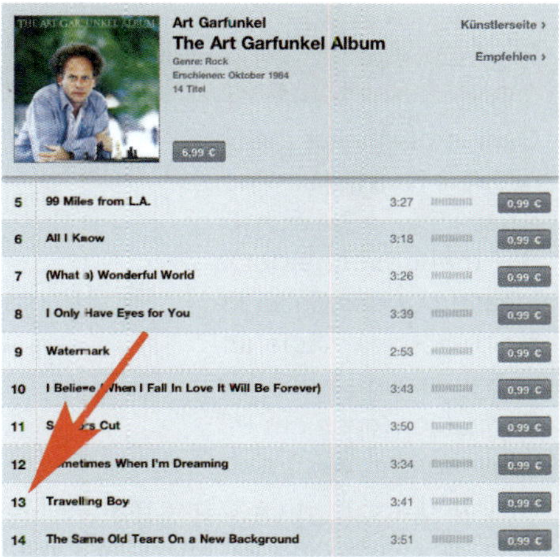

3 Um den Titel zu kaufen, tippe ich auf den zugehörigen Preis (1) und bestätige per Fingertipp auf *Titel kaufen* (2).

4 Zum Schluss müssen nur noch die iTunes-Zugangsdaten eingegeben werden; der Download wird daraufhin gestartet. (Voraussetzung für den Kauf ist natürlich, dass Sie Zahlungsdaten hinterlegt haben.)

So einfach ist das! Der gekaufte Titel findet sich nach dem Herunterladen in der iPod-App unter *Einkäufe*. Übrigens: Einmal bei iTunes gekaufte Inhalte (das gilt auch für Apps) können Sie später jederzeit wieder kostenlos herunterladen, wenn Sie diese versehentlich einmal löschen sollten.

iTunes bietet eine Genius-Funktion an – was ist darunter zu verstehen?

Genius beinhaltet gleich mehrere Funktionen. Zum einen können Sie sich für Sie maßgeschneiderte Inhalte auf der Basis Ihrer bisherigen Käufe anzeigen lassen; wenn Sie Genius in iTunes am PC aktivieren (in der Leiste links findet sich ein entsprechender Menüeintrag), lassen sich auf der Basis eines einzigen Musiktitels automatische Wiedergabelisten erstellen. Dazu werden allerdings einige Daten an Apple gesandt.

Finden Sie im App Store iPad-Programme, deren Download sich wirklich lohnt!

Möchten Sie Ihr iPad um viele nützliche, spannende oder lustige Funktionen erweitern? Hierfür stehen Ihnen im App Store zig Tausend iPad-Programme (Apps) zur Verfügung – viele davon kostenlos. Jede App, die in den App Store aufgenommen wird, unterzieht Apple einer sorgfältigen Prüfung, sodass deren Nutzung relativ sicher ist. Worauf Sie aber generell achten sollten:

- Werden Sie misstrauisch bei Apps, die überschwänglich positiv bewertet werden – die Bewertungen könnten gefälscht sein!
- Werden Sie beim Starten einer App gefragt, ob Sie Push-Benachrichtigungen erlauben möchten, gestatten Sie dies nur bei vertrauenswürdigen Apps – Ihnen können sonst jederzeit ungefragt Nachrichten aufs iPad gesandt werden.

- Werden Sie beim Starten einer App gefragt, ob Sie den Zugriff auf Ihren „aktuellen Ort“ erlauben möchten, gestatten Sie dies ebenfalls nur bei vertrauenswürdigen Apps – der App-Betreiber kann ansonsten Ihren Standort ermitteln, obwohl Sie dies vielleicht gar nicht wünschen.
- Seien Sie außerdem vorsichtig bei Apps, die Werbung beinhalten – wenn Sie ein Werbebanner antippen und unaufmerksam sind, könnten Sie versehentlich einen Kauf tätigen oder gar ein Abo abschließen.

Mit diesen Vorbemerkungen möchte ich Ihnen keine Angst einjagen; bei der Mehrzahl der Apps müssen Sie sich überhaupt keine Sorgen machen. Beginnen Sie am besten damit, einige der beliebtesten Apps herunterzuladen – Apps, für die sich viele Nutzer entscheiden, sollten im Normalfall keine Probleme bereiten.

Der App Store funktioniert vom Prinzip her gleich wie die iTunes-App: Sie finden unten eine Kategorienleiste (1), rechts oben ein Suchfeld für die Suche nach Apps zu einem bestimmten Thema (2) sowie den Hauptbereich, in dem die jeweiligen Apps angezeigt werden (3).

Eine Auswahl der aktuell beliebtesten Apps finden Sie in der Kategorie *Top-Charts*: Lassen Sie sich hier regelmäßig diejenigen Apps anzeigen, die von den Nutzern am häufigsten heruntergeladen werden. Ebenfalls interessant: Die Kategorie *Kategorien* – hier lassen Sie sich die Apps nach Themen sortiert vorstellen, wobei von den möglichen Sortierungen nach Erscheinungsdatum, Name oder Beliebtheit letztere am sinnvollsten erscheint.

Lassen Sie sich Apps nach Kategorien anzeigen und nehmen Sie eine Sortierung nach Beliebtheit vor, um schnell die besten Apps zu einem Thema zu finden.

Auch die Suchfunktion kann Ihnen bei konkreten Vorstellungen zu einer App weiterhelfen. Tippen Sie in das Suchfeld rechts oben im App Store ein, wonach Sie suchen, und lassen Sie sich Apps anzeigen, die Ihrer Suche entsprechen.

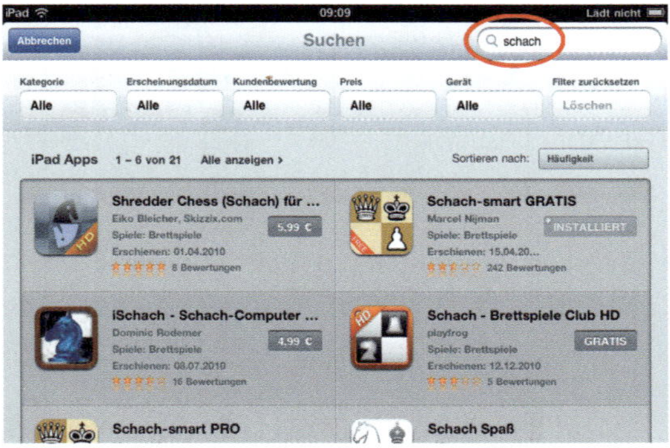

Hier suche ich nach dem Begriff „schach“ und finde sofort eine Reihe von Apps, die mein iPad in einen vollwertigen Schachcomputer verwandeln.

Neben dem App Store selbst gibt es auch Apps, die App-Empfehlungen bereitstellen. Auf der Suche nach spannenden Apps kann Ihnen z. B. die (allerdings kostenpflichtige) App AppTickerHD auf die Sprünge helfen.

Haben Sie im App Store eine interessante App entdeckt, die Sie auf Ihr iPad herunterladen möchten? Es ist ganz einfach:

1 Tippen Sie bei der gewünschten App auf den Preis bzw. in diesem Fall den *Gratis*-Button (1) und entscheiden Sie sich anschließend für *App installieren* (2).

2 Wieder geben Sie Ihre iTunes-Zugangsdaten ein und wieder gilt, dass Sie kostenpflichtige Apps nur herunterladen können, sofern Sie Ihre Zahlungsdaten hinterlegt haben.

3 Die App wird nun heruntergeladen und auf dem iPad-Bildschirm angezeigt. Ein Download-Manager wie in iTunes steht nicht zur Verfügung, Sie können das Herunterladen jedoch einfach per Fingertipp auf die App pausieren bzw. fortsetzen.

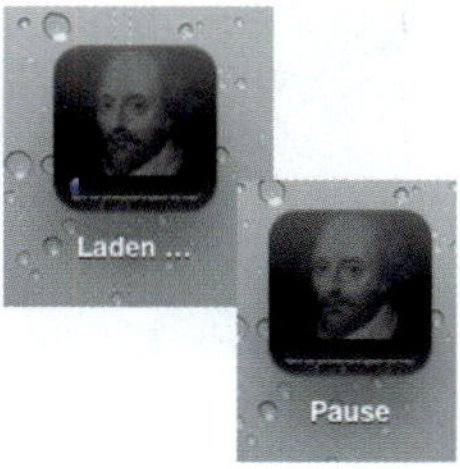

Zum App-Download noch ein kleiner Hinweis: Nur Apps bis zu einer Größe von 20 MBytes können im Handynetz heruntergeladen werden; bei größeren Apps ist eine WLAN-Verbindung erforderlich.

Kann ich auf dem iPad auch iPhone-Apps verwenden?

Für das iPad stehen längst noch nicht so viele Apps zur Verfügung wie für seinen kleinen Bruder, das iPhone. Die gute Nachricht: Sie können auch iPhone-Apps auf dem iPad nutzen – allerdings nur in iPhone-Größe bzw. mit Abstrichen bei der Auflösung, wenn Sie sich für die Darstellung in doppelter Größe entscheiden (Symbol 2x rechts unten auf dem Bildschirm).

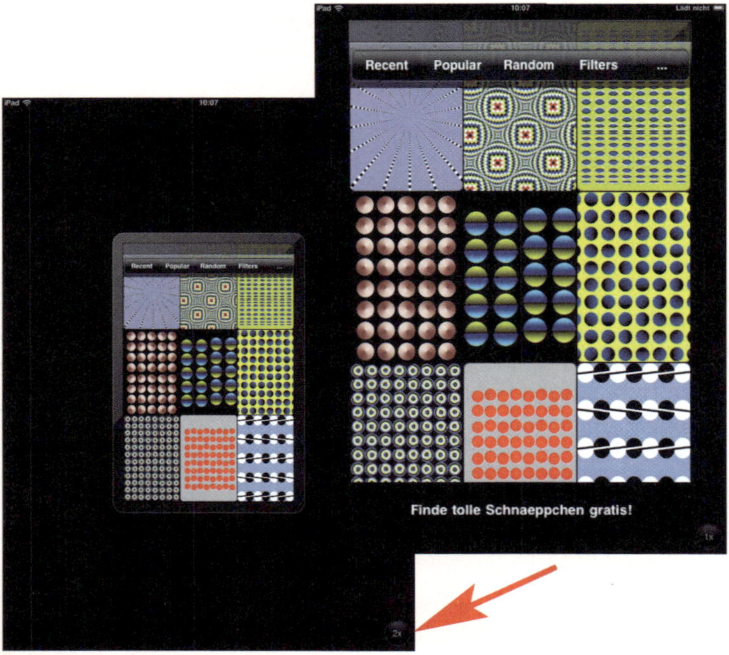

iTunes am PC nutzen: So klappt es mit der Synchronisierung

Bisher habe ich Ihnen gezeigt, wie Sie iTunes und App Store auf dem iPad nutzen. Um Musik, Videos, Apps & Co. herunterzuladen, können Sie selbstverständlich auch iTunes am PC verwenden – und die Inhalte dann mit dem iPad synchronisieren. Synchronisieren bedeutet in diesem Zusammenhang einfach, dass die Inhalte sowohl auf dem iPad als auch auf dem PC gespeichert werden.

Zu iTunes und App Store am PC muss ich nicht viele Worte verlieren, da die Funktionen denen auf dem iPad entsprechen. Sie wählen in der Leiste links den Eintrag *iTunes Store* aus (1) und finden sowohl eine Kategorienleiste (2) – der App Store ist hier ebenfalls integriert – als auch ein Suchfeld (3) zum Durchstöbern der Inhalte. Ich persönlich bevorzuge das Herunterladen direkt auf dem iPad, denn dann stehen die Inhalte sofort an Ort und Stelle zur Verfügung.

Was ich in jedem Fall empfehle: Synchronisieren Sie regelmäßig die Inhalte zwischen iPad und iTunes am PC – diese Form der Datenübertragung und -sicherung ist schnell erledigt. Schließen Sie hierzu Ihr iPad an den Computer an und entscheiden

Sie sich in iTunes für den entsprechenden Eintrag (1). In der Kategorienleiste wählen Sie dann aus, welche Medien und andere Elemente synchronisiert werden sollen (2), also Apps, Musik, Filme usw.

Die Abbildung zeigt, wie ich mich für die Kategorie *Musik* entscheide, per Mausklick ein Häkchen bei *Musik synchronisieren* setze (3) und die Synchronisierung mit einem Klick auf *Anwenden* (4) vornehme. (Sie können in diesem Fall noch entscheiden, ob Sie die gesamte Musikbibliothek synchronisieren möchten oder nur ausgewählte Wiedergabelisten – dazu alles in Kapitel 8.)

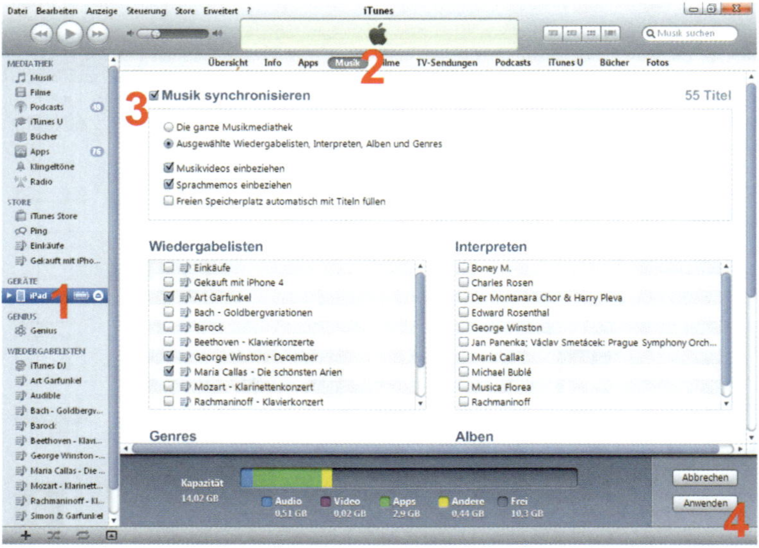

Bei anderen Elementen funktioniert das Aktivieren der Synchronisierung ähnlich. Praktisch: Ist die Synchronisierung einmal aktiviert, wird diese fortan immer automatisch durchgeführt, wenn Sie iTunes am PC geöffnet haben und das iPad anschließen.

Stop & Go

- Legen Sie auf dem iPad unter *Einstellungen/Store* einen iTunes-Account an, der es Ihnen ermöglicht, Inhalte aus iTunes sowie dem App Store auf Ihr iPad herunterzuladen.
- Sie wollen einen iTunes-Account ohne Kreditkarte oder iTunes-Guthabenkarte? Laden Sie eine Gratis-App aus dem App Store und entscheiden Sie sich für die Kreditkarten-Option *Keine*.
- Lernen Sie die iTunes-Kategorien kennen: *Musik*, *Filme*, *TV*, *Ping* (soziales Netzwerk), *Podcasts*, *Hörbücher*, *iTunes U* sowie *Downloads* (iTunes Download-Manager).
- Sie möchten einen Musiktitel aus iTunes herunterladen? Nutzen Sie das eingebaute Suchfeld, um ihn ausfindig zu machen. Tippen Sie auf die Titelnummer, um den Musiktitel Probe zu hören, und tippen Sie auf den Preis, um ihn käuflich zu erwerben.
- Erweitern Sie Ihr iPad mit Apps um viele nützliche, spannende oder lustige Funktionen. Seien Sie in diesem Zusammenhang misstrauisch bei überschwänglichen App-Bewertungen, vorsichtig bei Werbung in einer App und zurückhaltend beim Genehmigen von Push-Benachrichtungen oder der Freigabe Ihres aktuellen Ortes.
- Im Kleinformat: Auch iPhone-Apps lassen sich auf dem iPad einsetzen – und zulasten der Auflösung auf den gesamten iPad-Bildschirm ausdehnen.
- Auch in iTunes am PC lassen sich Mediendateien und Apps herunterladen; wichtiger ist jedoch die Synchronisierungsfunktion, mit der Sie Daten vom iPad auf dem Computer sichern bzw Daten vom Computer auf das iPad laden. Wenn Sie das iPad mit dem PC verbinden, aktivieren Sie die Synchronisierung unter der jeweiligen Kategorie.

5. E-Mail & WWW: So funktionieren E-Mail-Programm und Webbrowser auf dem iPad

Die Internetverbindung steht? Dann möchten Sie diese sicherlich auch zum Senden und Empfangen von E-Mails sowie zum Surfen im World Wide Web verwenden. In diesem Kapitel gibt es hierzu alle Infos und Anleitungen:

So klappt alles auf Anhieb: Ihr E-Mail-Konto auf dem iPad einrichten

Eine E-Mail-Adresse sollte heutzutage jeder haben. Falls Sie noch nicht über eine solche verfügen sollten, eröffnen Sie einen kostenlosen E-Mail-Account z. B. bei Google Mail unter der Webadresse *http://www.google.de/mail*.

Für das Abrufen der E-Mails auf Ihrem iPad brauchen Sie nicht den Webbrowser aufzurufen. Nutzen Sie stattdessen die bereits vorhandene Mail-App. Am Beispiel Google Mail zeige ich Ihnen, wie einfach Sie diese einrichten:

1 Zunächst muss das Abrufen der E-Mails in Google Mail aktiviert werden: Entscheiden Sie sich dazu unter *Einstellungen* (1) für *Weiterleitung und POP/IMAP* (2); wählen Sie *IMAP aktivieren* (3) und bestätigen Sie mit *Änderungen speichern* (4).

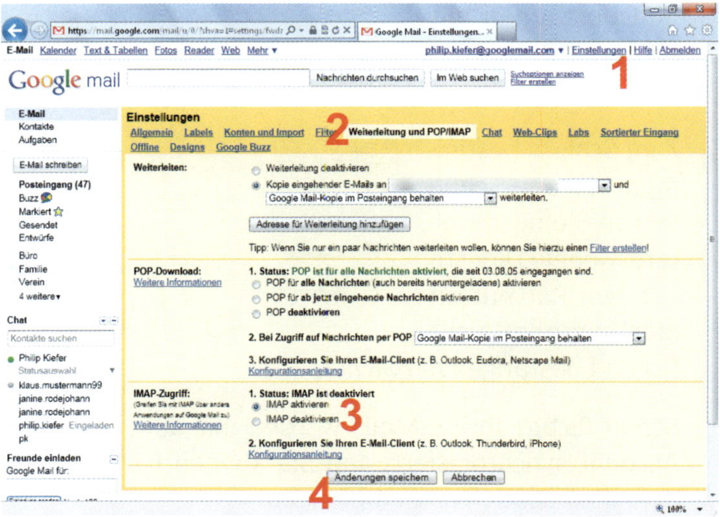

2 Tippen Sie nun auf dem iPad die Mail-App an und wählen Sie den gewünschten E-Mail-Anbieter aus der Liste aus, in diesem Fall also *Google Mail*.

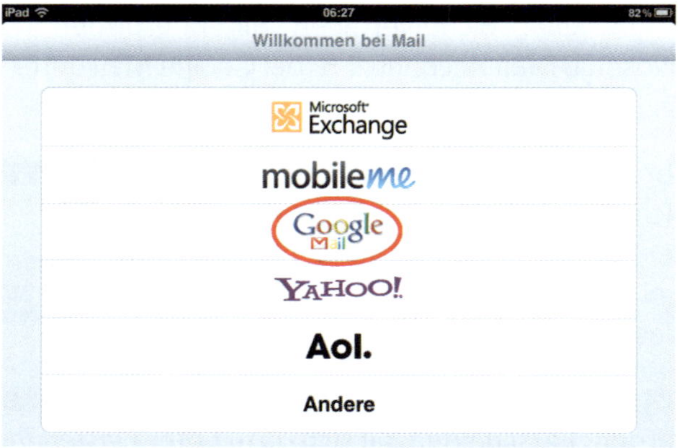

3 Als Nächstes tippen Sie Ihre Google-Mail-Zugangsdaten ein (1) und bestätigen mit *Weiter* (2).

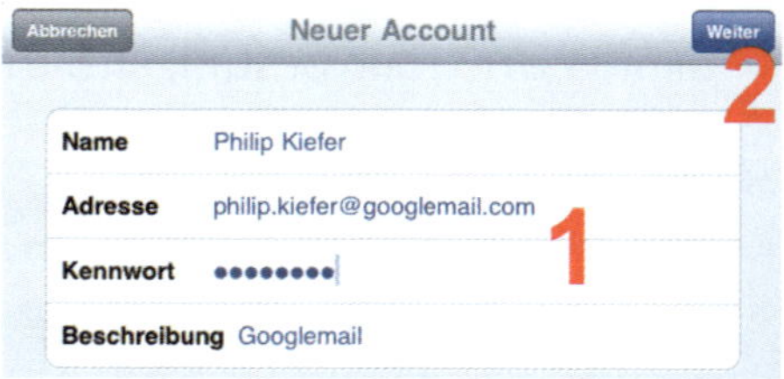

4 Zum Schluss bestimmen Sie per Schalter, ob Sie noch weitere Google-Dienste auf dem iPad nutzen möchten oder nicht (1) und bestätigen mit *Sichern* (2).

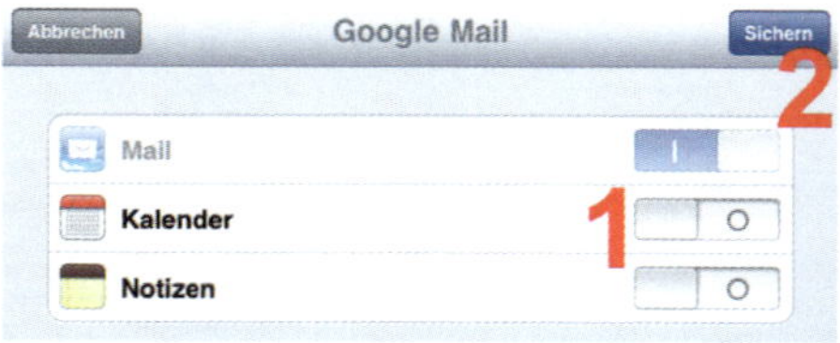

5 Schon fertig! Ihre E-Mails werden mit dem Google-Mail-Account synchronisiert, und Sie können E-Mails nun mit dem iPad senden und empfangen.

Sie wollen mehrere E-Mail-Konten einrichten, z. B. auch eines für Ihre Ehefrau? Zum Einrichten weiterer E-Mail-Konten entscheiden Sie sich unter *Einstellungen/Mail, Kontakte, Kalender* für *Account hinzufügen*.

Ihr E-Mail-Anbieter findet sich nicht auf der iPad-Liste? So richten Sie beliebige andere E-Mail-Konten ein

Vielleicht verfügen Sie bereits über ein E-Mail-Konto, der Anbieter findet sich aber nicht in der Anbieterliste auf dem iPad? Kein Problem! Wählen Sie dann als Anbieter *Andere* aus – mit den Zugangs- und Serverdaten, die Sie von Ihrem E-Mail-Anbieter erhalten, ist das Einrichten des E-Mail-Kontos auf dem iPad zwar etwas umständlicher, aber dennoch problemlos machbar. Die folgende Abbildung zeigt beispielhaft die Einstellungen für den POP-Zugriff auf ein E-Mail-Konto des Anbieters 1&1.

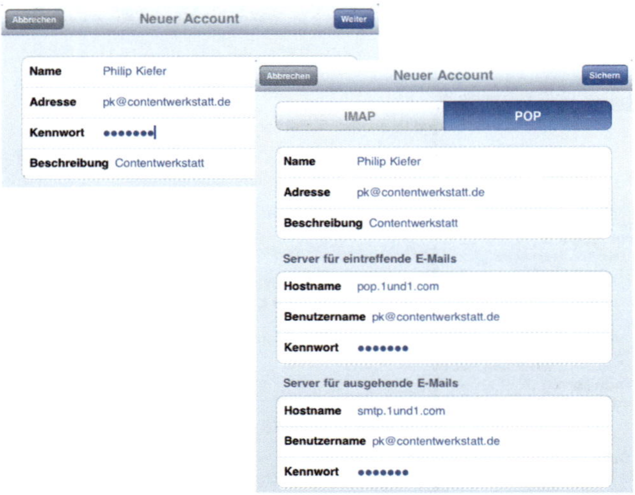

Sie haben bereits ein E-Mail-Konto in Outlook eingerichtet? Übernehmen Sie die Daten auf dem iPad

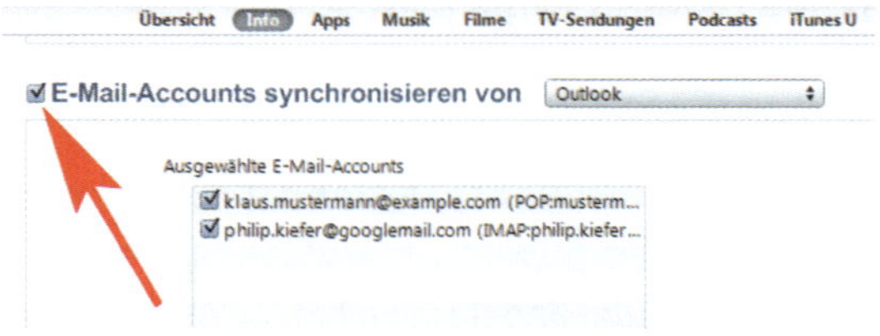

E-Mail-Konten (allerdings nicht bereits vorhandene E-Mails) lassen sich auch vom PC synchronisieren. Wenn Sie Ihr iPad an den Rechner anschließen und in iTunes auswählen, finden Sie die entsprechende Option unter *Info*.

Jederzeit E-Mails schreiben und empfangen – so geht's mit dem iPad

Meine Empfehlung: Nutzen Sie die Mail-App im Querformat. Der jeweils geöffnete E-Mail-Ordner wird dann links angezeigt, rechts die E-Mail, die Sie aufrufen.

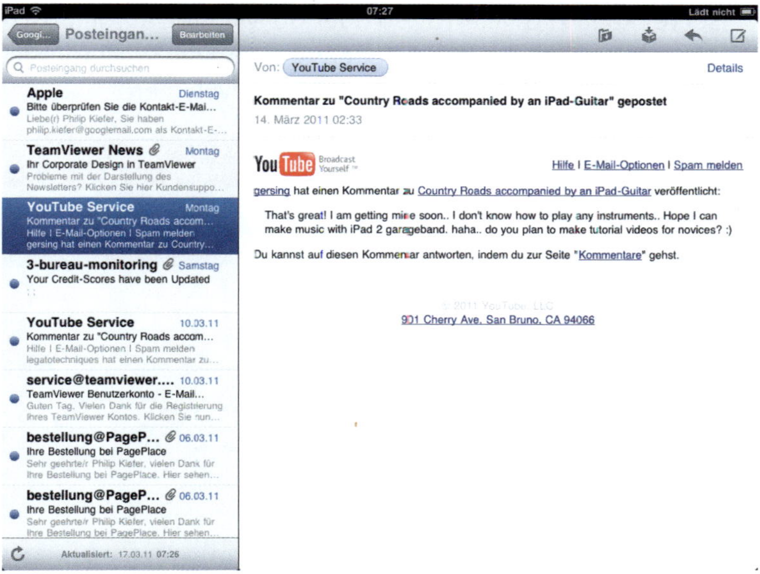

Für die optimale Übersicht nutzen Sie die Mail-App auf dem iPad im Querformat.

Die Mail-App bietet nicht sehr viele Funktionen – desto einfacher ist dafür deren Handhabung. Hier alle wichtigen Funktionen für Sie im Überblick:

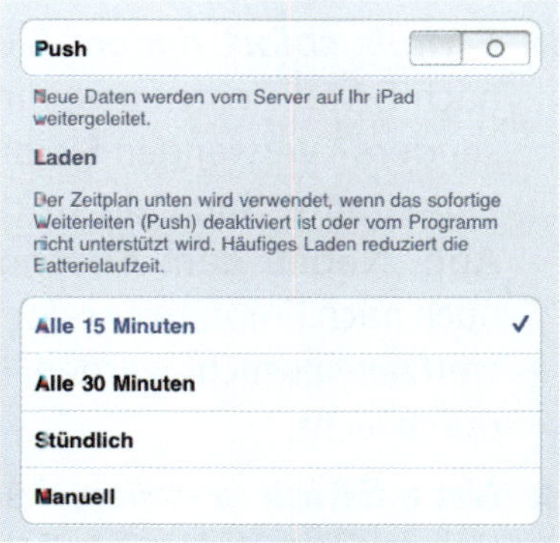

- ***E-Mails empfangen***: Ist eine neue E-Mail auf dem Server eingegangen? Tippen Sie auf das ↻-Symbol links unten in der Mail-App, um dies zu prüfen. Alternativ richten Sie eine automatische Synchronisierung ein, und zwar unter *Einstellungen/Mail, Kontakte, Kalender/Datenabgleich*. Der Posteingangsserver kann z. B. alle 15, 30 oder 60 Minuten automatisch geprüft werden – aber aufgepasst: Häufige Synchronisierungen kosten Akku-Laufzeit und Datenvolumen!

Was hat es mit der Option Push auf sich?

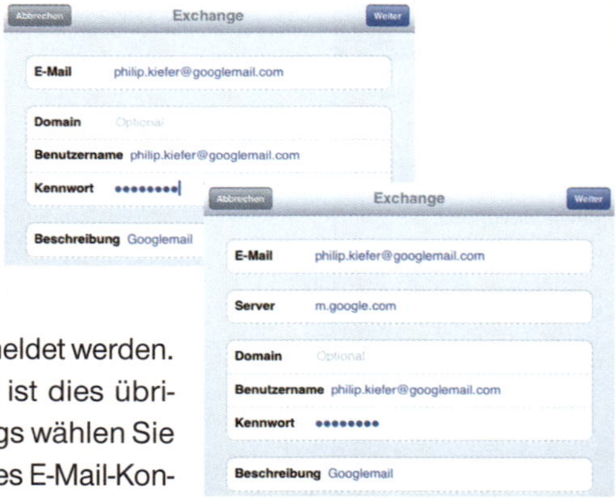

Die Push-Option (sie wird leider nicht von allen E-Mail-Anbietern angeboten) bedeutet, dass E-Mails, die auf dem Posteingangsserver eingehen, sofort auf Ihr iPad weitergeleitet und dort gemeldet werden. Auch mit Google Mail ist dies übrigens möglich, allerdings wählen Sie hierzu beim Erstellen des E-Mail-Kontos auf dem iPad nicht *Google Mail* als Anbieter aus, sondern *Microsoft Exchange*; machen Sie dann ganz normal die Angaben zu Ihren Zugangsdaten; das *Domain*-Feld lassen Sie einfach frei; als Server-Adresse geben Sie *m.google.com* ein.

- ***E-Mails sofort finden***: Sie suchen nach E-Mails eines bestimmten Absenders? Verwenden Sie hierzu das eingebaute Suchfeld in der Mail-App. Neben dem Absender kann auch nach Empfänger oder bestimmten Begriffen in der Betreffzeile gesucht werden; der E-Mail-Text selbst wird nicht durchsucht.

- ***Neue E-Mail erstellen***: Zum Erstellen einer neuen E-Mail tippen Sie auf das Symbol (1), geben die Adresse des E-Mail-Empfängers sowie den Betreff der E-Mail ein (2) und verfassen eine Nachricht (3), bevor Sie diese schließlich mit einem Fingertipp auf *Senden* (4) auf den Weg bringen.

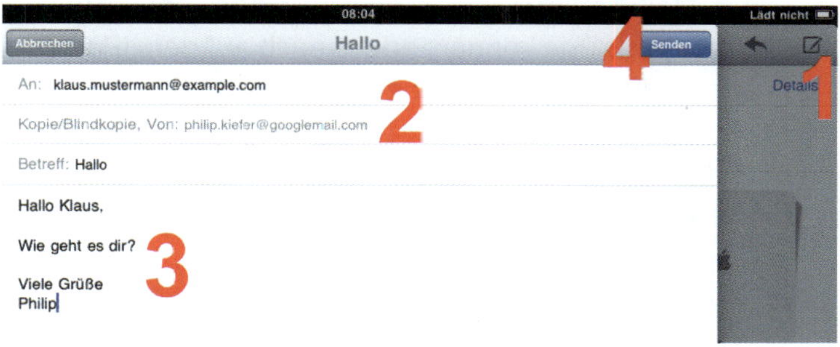

- ***E-Mail beantworten oder weiterleiten***: Um eine erhaltene E-Mail zu beantworten oder an eine andere E-Mail-Adresse weiterzuleiten, tippen Sie auf das Symbol – Ihnen werden dann die entsprechenden Optionen angezeigt.

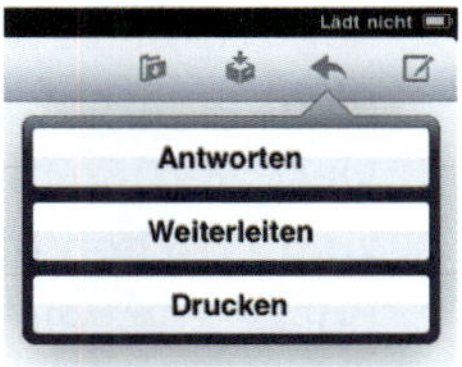

- ***Dateianhang öffnen***: Auf dem iPad können Sie selbstverständlich auch Dateianhänge in E-Mails öffnen. Tippen Sie den angezeigten Dateianhang dazu einfach an – das iPad kennt alle wichtigen Formate. Wenn es sich um ein Foto handelt, können Sie dieses in der App Fotos speichern; unter dem Symbol finden Sie dann die Option *Bild sichern*.

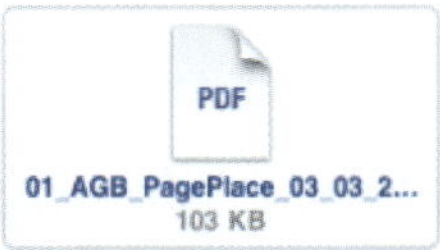

- ***Datei an E-Mail anhängen***: Diese Option finden Sie in den jeweiligen Apps; in der App Fotos tippen Sie hierzu z. B. auf das Symbol und wählen *Per E-Mail senden*.

- ***E-Mails verschieben***: E-Mail-Ordner lassen sich nicht direkt in der Mail-App erstellen – diese werden vom E-Mail-Konto übernommen. Sie können jedoch auch auf dem iPad E-Mails in andere Ordner verschieben; hierzu dient das Symbol . Auch mehrere E-Mails gleichzeitig lassen sich verwalten: Tippen Sie dazu auf *Bearbeiten*, wählen Sie die entsprechenden E-Mails aus und entscheiden Sie sich für *Bewegen*.

- ***E-Mails löschen***: Wenn Sie sich wie oben beschrieben für einen Google-Mail-Account entschieden haben, können die E-Mails auf dem iPad nicht gelöscht, sondern nur archiviert werden (Symbol). Bei anderen Accounts tippen Sie zum Löschen einer E-Mail einfach auf das Papierkorbsymbol . Die gelöschten E-Mails befinden sich dann zunächst im *Papierkorb*-Ordner, bevor Sie dort endgültig gelöscht werden.

Empfehlenswert: Richten Sie eine individuelle E-Mail-Signatur ein

Standardmäßig wird jeder Ihrer E-Mails die Signatur „Von meinem iPad gesendet“ hinzugefügt. Das ist nicht optimal. Tippen Sie unter *Einstellungen/ Mail, Kontakte, Kalender* auf *Signatur*, um eine individuelle E-Mail-Signatur einzurichten. Alternativ löschen Sie einfach das Signatur-Feld, um gar keine E-Mail-Signatur zu verwenden.

Lust auf Surfen im World Wide Web? Die besten Tipps zum iPad-Browser für Sie gesammelt

Das iPad bietet mit seiner Auflösung von 768 x 1024 bzw. 1024 x 768 Pixeln optimale Bedingungen für das komfortable Surfen im World Wide Web. Rufen Sie die App Safari auf und laden Sie die gewünschte Webadresse, z. B. *www.databecker.de* oder *www.google.de* – schon surfen Sie los!

Wenn Sie das iPad ins Querformat drehen, erscheint die DATA BECKER-Homepage wie im Browser am PC; im Hochformat sind dafür mehr Inhalte auf einen Blick zu sehen.

Das Surfen im World Wide Web funktioniert auf dem iPad fast so wie im Webbrowser auf dem PC. Fast deshalb, weil es einige Einschränkungen gibt: Manche Webseiten erkennen, dass sie von einem iPad aus aufgerufen werden und zeigen nicht die normalen Inhalte an; beim Besuch von *www.bild.de* z. B. werden Sie zum Herunterladen der (kostenpflichtigen) BILD-App aufgefordert. Ebenfalls ärgerlich: Apple konnte sich bisher nicht dazu durchringen, die Nutzung von Adobe Flash auf dem iPad zu erlauben – diese Technologie zur Präsentation von Videos und anderen multimedialen Inhalten kommt im Web aber häufig zum Einsatz.

So funktioniert alles: Ihre Web-Safari auf dem iPad

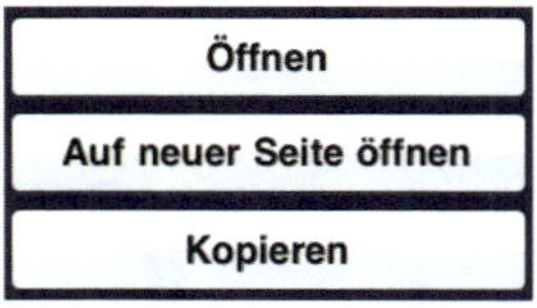

Das Surfen mit dem iPad-Webbrowser mag anfangs etwas gewöhnungsbedürftig sein. Statt einen Link – also einen Verweis auf eine andere Webseite – mit der Maus anzuklicken, tippen Sie diesen an. Statt einen Link mit der rechten Maustaste anzuklicken, um ihn in einem neuen Browserfenster zu öffnen, tippen Sie den Link an und halten ihn gedrückt, bis ein entsprechendes Auswahlmenü erscheint.

Zur Navigation zwischen den bereits aufgerufenen Webseiten dienen die Pfeilsymbole ◀ und ▶ links oben in Safari. Haben Sie Webseiten in mehreren Fenstern geöffnet, verwalten Sie diese unter dem Symbol bzw. (die Zahl zeigt an, wie viele

Webseiten aktuell geöffnet sind). Zum Schließen einer Webseite betätigen Sie das -Symbol.

Praktisch für die schnelle Websuche: Rechts oben in Safari ist ein Suchfeld eingebaut, um Webseiten zu finden, die Ihre Suchbegriffe enthalten. Legen Sie unter *Einstellungen/Safari/Suchmaschine* fest, welchen Suchanbieter Sie bevorzugen. Das Angebot ist mit Google, Yahoo! sowie Bing allerdings eingeschränkt. Ich empfehle die Nutzung der leistungsstärksten Suchmaschine Google.

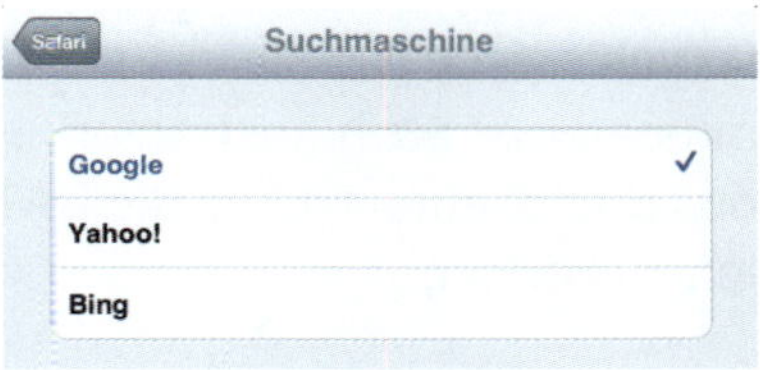

Ich habe auf einer Webseite ein schönes Bild gefunden: Kann ich dieses speichern?

Das Speichern von Bildern aus dem Internet in der Fotos-App ist kein Problem: Tippen Sie das Bild dazu an und halten Sie es gedrückt. Wählen Sie dann *Bild sichern*.

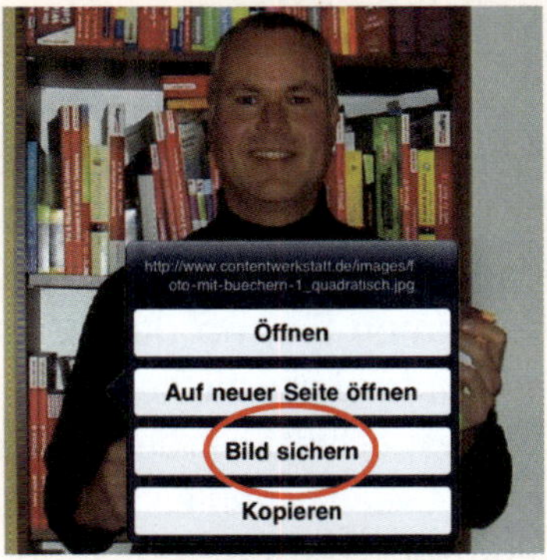

Ihre Lieblingsseiten sofort wiederfinden: Lesezeichen importieren, erstellen & verwalten

Das Eintippen von Webadressen kann auf dem iPad recht mühselig sein. Die gute Nachricht: Sie müssen Webadressen nur einmal vollständig eintippen; beim erneuten Aufrufen wird Ihnen

noch während des Eintippens die entsprechende Webadresse vorgeschlagen und Sie müssen nur noch auswählen. Hier z. B. genügt das Eintippen des Buchstabens *d*, um die DATA BECKER-Homepage auswählen zu können.

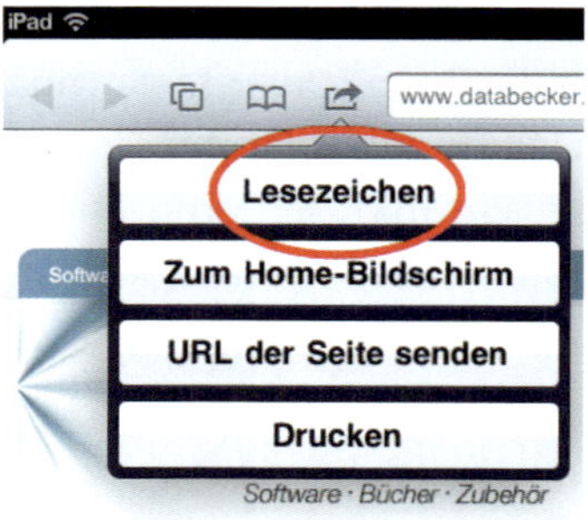

Wenn Sie den Browserverlauf löschen, sind die automatisch gespeicherten Adressen allerdings futsch. Erstellen Sie deshalb Lesezeichen von Ihren Lieblingswebsites, um diese jederzeit schnell laden zu können. Rufen Sie die gewünschte Webadresse hierzu auf, tippen Sie in Safari auf das Symbol und entscheiden Sie sich für die Option *Lesezeichen*.

Übernehmen Sie die Bezeichnung des Lesezeichens, kürzen Sie diese oder tippen Sie eine neue ein (1), bestimmen Sie, ob das Lesezeichen unter Lesezeichen (Symbol) gespeichert werden soll oder in der Lesezeichenleiste, die automatisch eingeblendet wird, wenn Sie in das Adressfeld tippen (2). Bestätigen Sie das Erstellen des Lesezeichens mit einem Fingertipp auf *Sichern* (3).

Oder haben Sie bereits Lesezeichen in Ihrem Webbrowser am PC gesammelt? Dann übertragen Sie diese mithilfe von iTunes auf Ihr iPad: Wählen Sie dieses in iTunes aus und aktivieren Sie unter *Info* die Option *Lesezeichen synchronisieren mit*.

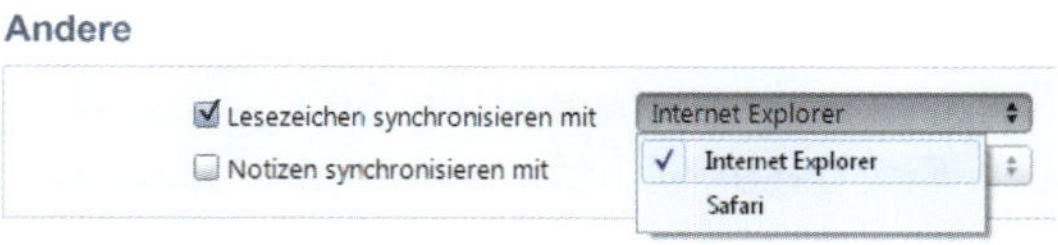

Im Drop-down-Menü wählen Sie dann Ihren Webbrowser aus (die Funktion ist auf die Webbrowser Internet Explorer sowie Safari beschränkt) und klicken abschließend auf *Anwenden*.

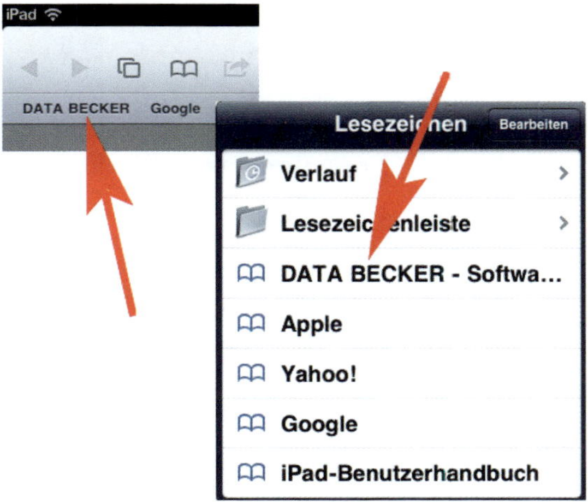

Der DATA BECKER-Link einmal in der Lesezeichenleiste, einmal unter Lesezeichen – die Lesezeichenleiste können Sie unter Einstellungen/Safari übrigens auch dauerhaft einblenden.

Noch schneller auf eine Webseite zugreifen: Lesezeichen auf dem Home-Bildschirm erstellen

Um eine häufig genutzte Webseite noch schneller aufrufen zu können, legen Sie ein entsprechendes Symbol am besten auf dem Home-Bildschirm des iPads ab. Entscheiden Sie sich hierzu unter dem Symbol ein-fach für die Option *Zum Home-Bildschirm*.

Rund um Datenschutz und Sicherheit beim Surfen im WWW

Safari merkt sich, welche Seiten Sie besucht haben; wenn Sie Ihre Surfspuren beseitigen möchten, müssen Sie dies unter *Einstellungen/Safari* manuell tun, indem Sie nacheinander auf *Verlauf löschen*, *Cookies löschen* sowie *Cache löschen* tippen; auch andere Einstellungen rund um Datenschutz (*Autom. ausfüllen*, *Cookies erlauben*) und Sicherheit (*Betrugswarnung*, *JavaScript*, *Pop-Ups unterdrücken*) nehmen Sie unter *Einstellungen/Safari* vor.

Wünschen Sie, Surfspuren schneller und einfacher zu beseitigen, wollen Sie eine Startseite im Webbrowser einrichten und weitere nützliche Funktionen nachrüsten? Setzen Sie in diesem Fall auf einen alternativen iPad-Webbrowser aus dem App Store; sehr empfehlenswert ist beispielsweise iLunascape.

Stop & Go

- Richten Sie die Mail-App auf dem iPad ein, um auch unterwegs jederzeit Ihre E-Mails senden und empfangen zu können. Falls Sie noch nicht über eine E-Mail-Adresse verfügen, legen Sie ein kostenloses E-Mail-Konto unter *http://www.google.de/mail* an.

- Google Mail bietet auch die Push-Funktion, die es ermöglicht, neu eingegangene E-Mails sofort zu erhalten. Um diese Funktion nutzen zu können, legen Sie das Google-Mail-Konto als Microsoft-Exchange-Konto an und geben als Server-Adresse *m.google.com* an.
- Nutzen Sie die Mail-App am besten im Querformat – die E-Mail-Ordner und E-Mails werden dann übersichtlich in der Leiste links dargestellt.
- Machen Sie sich mit den verschiedenen E-Mail-Funktionen vertraut: Empfangen Sie E-Mails, öffnen Sie Dateianhänge, verschieben Sie E-Mails in andere Ordner, verfassen Sie eigene E-Mails usw.
- Richten Sie unter *Einstellungen/Mail, Kontakte, Kalender/Signatur* eine individuelle E-Mail-Signatur ein, die automatisch den von Ihnen erstellten E-Mails angehängt wird.
- Öffnen Sie die App Safari, um im Internet zu surfen – drehen Sie das iPad dazu ins Querformat, um eine Auflösung wie am PC zu erhalten.
- Webadressen eintippen, Links antippen, mehrere geöffnete Webseiten verwalten: Nehmen Sie sich etwas Zeit, um ein wenig im World Wide Web zu surfen und die Grundfunktionen des iPad-Webbrowsers kennenzulernen.
- Speichern Sie Ihre Lieblingswebsites als Lesezeichen ab: entweder unter *Lesezeichen*, in der *Lesezeichenleiste* oder als Symbol auf dem Home-Bildschirm des iPads.
- Surfspuren beseitigen und wichtige Sicherheitseinstellungen vornehmen: kein Problem unter *Einstellungen/Safari*.

6. Kontakte & Kommunikation: Adressverwaltung, Social-Networking und Videotelefonie mit dem iPad

Kontakte verwalten, Social-Networking und Kommunikation vom Feinsten – das iPad hat Ihnen auch in diesem Zusammenhang tolle Funktionen zu bieten:

Viel besser als das Adressbuch aus Papier: Kontakte clever mit dem iPad verwalten

Eine sehr nützliche App, die auf dem iPad bereits vorinstalliert ist, ist die App Kontakte: ein elektronisches Adressbuch, mit dem Sie Ihre Kontakte jederzeit aktuell halten. Einen neuen Kontakt anzulegen ist kinderleicht:

1 Starten Sie per Fingertipp die App Kontakte und entscheiden Sie, ob Sie das elektronische Notizbuch lieber im Hoch- oder Querformat nutzen möchten (ich bevorzuge das Querformat). Sie finden auf der linken Seite – sobald vorhanden – eine Liste Ihrer Kontakte (1), darüber ein Suchfeld, um die Liste zu durchforsten (2), links daneben ein Register, um blitzschnell die Kontakte mit einem bestimmten Anfangsbuchstaben aufzurufen (3). Um einen neuen Kontakt zu erstellen, tippen Sie unten auf der Seite auf das + -Symbol (4) …

2 … und tippen in die einzelnen Felder, um die Kontaktdaten einzugeben. Möchten Sie den Kontakt außerdem mit einem Foto versehen? Tippen Sie dazu auf *Foto hinzufügen* …

3 ... und entscheiden Sie, ob Sie ein neues *Foto aufnehmen* oder ein gespeichertes *Foto auswählen* wollen. In diesem Fall wähle ich ein gespeichertes Bild aus und tippe auf *Verwenden*.

4 Haben Sie alle Angaben gemacht? Dann tippen Sie rechts oben auf *Fertig* (1), um den Kontakt zu erstellen; Sie können die Daten später jederzeit unter *Bearbeiten* (2) ändern, ergänzen bzw. einen Kontakt löschen. Um einen Kontakt – im vCard-Format – per E-Mail zu versenden, entscheiden Sie sich für *Senden* (3).

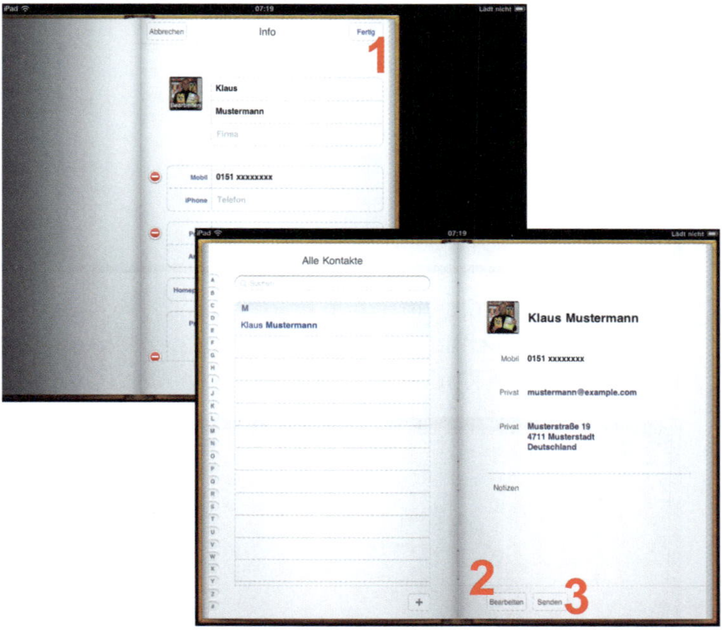

Tipparbeit sparen: Kontakte aus E-Mails übernehmen

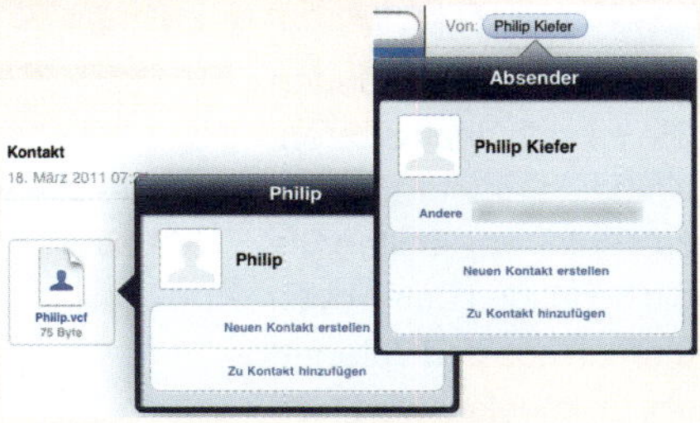

Sie möchten eine E-Mail-Adresse als Grundlage für einen neuen Kontakt verwenden? Klicken Sie hierzu einfach den Absender in der Mail-App an und wählen Sie *Neuen Kontakt erstellen*. Genauso können Sie eine per E-Mail zugesandte vCard-Datei nutzen – und sich eine Menge Tipparbeit ersparen!

Kontakte über iTunes blitzschnell mit dem PC synchronisieren

Sie haben bereits eine umfangreiche Kontakte-Datenbank am PC angelegt, z. B. in Outlook. Diese lassen sich problemlos mit dem iPad synchronisieren: Wählen Sie dazu das an den Rechner angeschlossene iPad aus (1), aktivieren Sie unter *Info* (2) die Option *Kontakte synchronisieren mit* (3) und entscheiden Sie sich für das gewünschte Programm bzw. den gewünschten Dienst (4). Starten Sie dann wie gehabt die Synchronisierung.

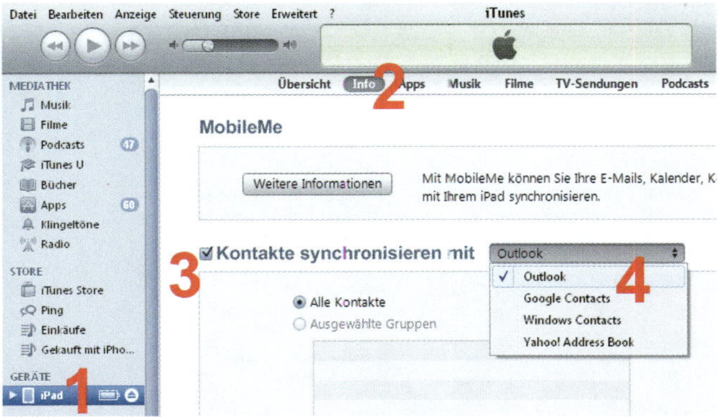

Kontakte zwischen iPad und PC synchronsieren – auch das läuft über iTunes.

Mit diesen Apps: Rufnummern und Adressen aus dem Internet abrufen

In vielen Fällen können Sie es sich auch sparen, Kontakte auf Ihrem iPad zu speichern – rufen Sie die benötigten Daten doch einfach aus dem Internet ab. Empfehlenswert hierfür sind insbesondere die kostenlosen iPad-Apps Telefonbuch, Das Örtliche sowie Gelbe Seiten.

Social-Networking: Facebook, Twitter & Co. auch auf dem iPad nutzen

Nutzen Sie ein soziales Netzwerk wie Facebook oder halten Sie Ihre „Follower“ durch Kurzbotschaften bei Twitter auf dem Laufenden? Facebook, Twitter sowie andere soziale Netzwerke können Sie auch auf dem iPad nutzen – entweder als iPad- oder als iPhone-App. Suchen Sie im App Store einfach nach dem gewünschten sozialen Netzwerk, um fündig zu werden.

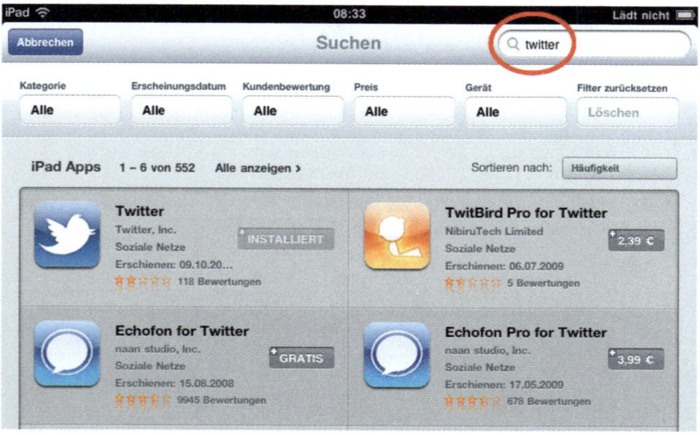

Lassen Sie mich Ihnen als Beispiel das weltweit beliebteste Netzwerk Facebook anführen: Die offizielle App – facebook – ist derzeit nur für das iPhone erhältlich, kann jedoch auch auf dem iPad genutzt werden, wenn auch nur im Kleinformat.

Die Alternative zur offiziellen App bieten Apps anderen Anbieter – wobei Sie hier bitte vorsichtig sind und sich von den Bewertungen durch andere Nutzer leiten lassen.

Empfehlenswert im Zusammenhang mit Facebook ist beispielsweise die App friendly, mit der die Facebook-Nutzung auf dem iPad richtig Spaß macht!

Die dritte Möglichkeit: Nutzen Sie Facebook oder andere soziale Netzwerke direkt im Webbrowser – auch das ist auf dem iPad aufgrund des großen Displays kein Problem, wenn auch nicht ganz so komfortabel wie per App.

So, als ob Sie sich gegenüber säßen: Videotelefonie mit dem iPad

Ein besonderes Schmankerl des iPads ist die eingebaute Frontkamera, die Videotelefonie ermöglicht – per FaceTime-App mit anderen iPad-2-Nutzern, mit Besitzern eines iPhone 4 oder mit MacBook-Nutzern; alternativ mit einer App wie Skype (derzeit allerdings nur als iPhone-Version verfügbar), die Videotelefonie mit anderen Skype-Nutzern z. B. auch am Windows-PC ermöglicht. So einfach funktioniert das Videotelefonat mit FaceTime oder Skype:

- **FaceTime**: Melden Sie sich zunächst unter *Einstellungen/FaceTime* mit Ihren iTunes-Zugangsdaten an. Starten Sie dann die FaceTime-App auf dem Home-Bildschirm und wählen Sie die E-Mail-Adresse eines Kontakts aus – Voraussetzung ist, dass der Kontakt sich ebenfalls angemeldet hat und über ein FaceTime-fähiges Gerät verfügt

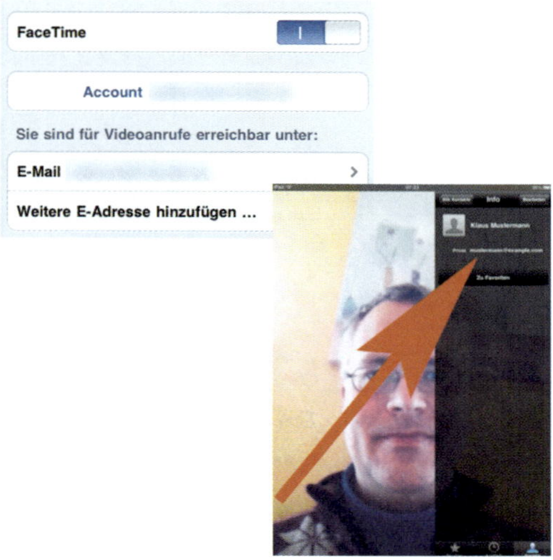

- **Skype**: Ich persönlich bevorzuge die Videotelefonie mit der Skype-App. Wichtigster Vorteil: Es gibt wesentlich mehr Skype- als FaceTime-Nutzer, sodass Sie mit mehr Leuten telefonieren können (Skype für den Computer gibt es unter *http://www.skype.de*). Hierfür ist nur eine kurze Anmeldung sowie das Hinzufügen der Kontakte – per E-Mail-Adresse oder Skype-Name – notwendig.

Auch das geht: SMS schreiben vom iPad aus

Sie wollen eine Kurznachricht auf ein Handy senden? Mit der entsprechenden App kein Problem – besonders spannende Apps wie z. B. Cherry SMS stehen derzeit allerdings nur im iPhone-Format zur Verfügung. Voraussetzung für die Nutzung von Cherry SMS ist lediglich eine Handynummer; eine Micro-SIM-Karte für das iPad ist nicht notwendig; ein paar SMS sind anfangs gratis, später müssen dann SMS-Pakete erworben werden.

Stop & Go

- Verwenden Sie das iPad als Adressbuch – in der App Kontakte lassen sich problemlos neue Kontakte erstellen bzw. bestehende Kontakte suchen oder per Register aufrufen.
- Kontakte aus E-Mails übernehmen: Tippen Sie auf den Absender bzw. auf die angehängte vCard-Datei und entscheiden Sie sich für *Neuen Kontakt erstellen*.
- Kontakte mit dem Computer, z. B. mit Outlook, sychronisieren: Entscheiden Sie sich dazu in iTunes unter *Info* für die entsprechende Option.
- Adressdaten einfach aus dem Internet abrufen. Empfehlenswert sind in diesem Zusammenhang insbesondere die iPad-Apps Telefonbuch, Das Örtliche und Gelbe Seiten.
- Soziale Netzwerke auf dem iPad nutzen: Suchen Sie im App Store nach dem Netzwerknamen, um entsprechende Apps ausfindig zu machen, oder nutzen Sie das soziale Netzwerk direkt im iPad-Webbrowser.
- Sie suchen nach einer Facebook-App? Empfehlenswert ist die offizielle App facebook, die allerdings nur im iPhone-Format erhältlich ist. Eine Alternative bietet die iPad-App friendly.
- Videotelefonie auf dem iPad: Die eingebaute Frontkamera macht es möglich! Verwenden Sie für Ihre Videotelefonate entweder die eingebaute FaceTime-Funktion oder installieren Sie hierfür die (iPhone-)App Skype.
- Auch SMS lassen sich vom iPad aus versenden, beispielsweise mithilfe der App Cherry SMS (nur im iPhone-Format verfügbar).

7. Fotos & Videos: Bilder und Filme auf dem iPad betrachten – auch im Großformat auf der Beamer-Leinwand!

Ihr iPad ist ein wahrer Unterhaltungskünstler! Sie können damit Fotos und Videos nicht nur anschauen, sondern auch selbst aufnehmen und bearbeiten. Alles dazu in diesem Kapitel:

Bilder aufnehmen oder aufs iPad laden und gekonnt verwalten & betrachten

Ich habe Ihnen bereits gezeigt, wie Sie Fotos von einer Webseite oder von einer E-Mail in der App Fotos speichern können (Bild auf der Webseite gedrückt halten bzw. bei E-Mail -Symbol antippen und jeweils *Bild sichern* wählen). Wünschen Sie ein Bildschirmfoto? Drücken Sie System- und Home-Taste gleichzeitig, um ein solches zu erstellen. Selbstverständlich können Sie aber auch Fotos mit dem iPad aufnehmen oder vom Computer auf Ihr iPad laden.

Das iPad ersetzt sicher keine Digitalkamera, aber es eignet sich bestens für den Schnappschuss zwischendurch – übrigens auch, um kleine Videoclips zu drehen, etwa von der Silberhochzeitsfeier oder vom Lied, das Ihr Töchterlein vorsingt. Und so funktioniert's: Starten Sie die Kamera-App auf dem Home-Bildschirm des iPads; entscheiden Sie dann per -Schalter (1), ob Sie ein Foto oder ein Video (mit Ton) aufnehmen möchten. Drücken Sie dann auf das -Symbol (2) bzw. das -Symbol bei der Videoaufzeichnung. Das fertige Foto oder Video wird automatisch in der Fotos-App gespeichert. Oder wollen Sie ein Selbstporträt aufnehmen? Das Symbol (3) dient dazu, zwischen Front- und Rückseitenkamera umzuschalten. (Übrigens: Die Kamera verfügt auch über eine Zoomfunktion; tippen Sie in den Sucher, um den Zoomregler anzuzeigen.)

Bilder zwischen Computer und iPad synchronisieren

Erstellen Sie für Ihre Bildersammlung Ordner, um bei vielen Bildern das Chaos zu vermeiden.

Wenn Sie eine größere Bildersammlung vom Computer auf das iPad übertragen möchten, empfehle ich Ihnen, zunächst einen Ordner mit Unterordnern anzulegen, in denen Sie die Bilder sortieren – diese Ordner werden auf dem iPad als Alben übernommen. Hier habe ich z. B. im Windows-Explorer (im Startmenü unter *Alle Programme/Zubehör*) einen Ordner *iPad* angelegt und darin die Unterordner *Familienfotos*, *Urlaubsfotos* sowie *Naturfotos* erstellt. Dann habe ich die entsprechenden Fotos in die Ordner kopiert.

Um Ihre Fotos vom Computer auf das iPad zu laden, verwenden Sie iTunes. Gehen Sie hierzu folgendermaßen vor:

1 Schließen Sie das iPad an den Computer an und wählen Sie es in iTunes aus (1). Klicken Sie auf *Fotos* (2) und aktivieren Sie das Kontrollkästchen *Fotos synchronisieren von* (3). Dann wählen Sie im Menü den zuvor erstellten Ordner aus (4).

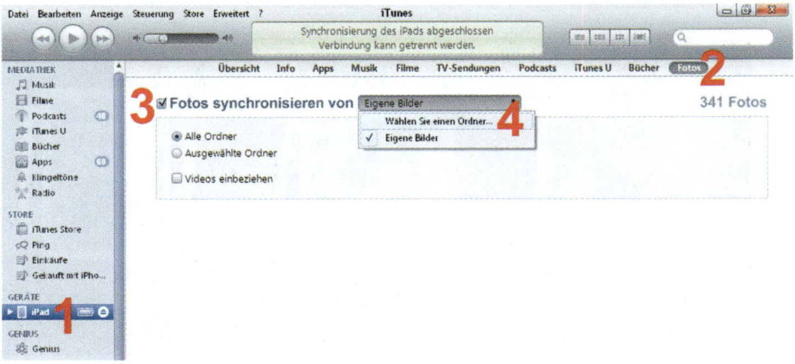

2 Sind auch Videos im Ordner enthalten? Aktivieren Sie gegebenenfalls die Option *Videos einbeziehen*, bevor Sie die Dateien mit einem Klick auf *Synchronisieren* auf das iPad laden.

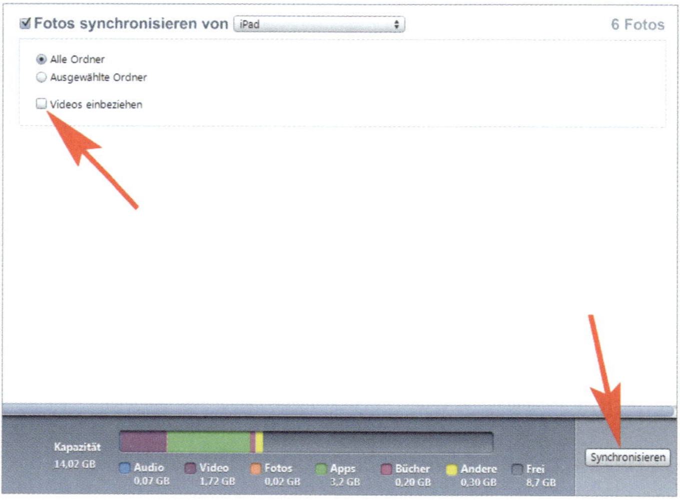

3 Starten Sie die App *Fotos* und entscheiden Sie sich für eine Sortierung nach *Alben* – Sie stellen fest, dass die von Ihnen auf dem PC angelegte Ordnerstruktur nun auch auf dem iPad vorhanden ist.

Ein kleiner Hinweis: Die synchronisierten Bilder lassen sich – im Gegensatz zu Bildern, die Sie mit dem iPad aufnehmen oder sichern (siehe Abbildung) – nicht direkt vom iPad löschen, sondern müssen aus dem Bilderordner am PC entfernt werden, um sie bei der nächsten Synchronisierung auch auf dem iPad loszuwerden.

Bilder ohne Umweg über den PC von der Digitalkamera importieren

Prinzipiell haben Sie auch die Möglichkeit, Fotos direkt von der Digitalkamera auf das iPad zu importieren, allerdings benötigen Sie hierfür ein „Camera Connection Kit“, das Sie beispielsweise unter *http://www.amazon.de* bestellen können. Die Abbildung zeigt ein Kit für 22,49 Euro inkl. Versand, allerdings handelt es sich nicht um das originale Apple-Kit.

Mit wenigen Mausklicks: Aufnahmen vom iPad auf dem PC speichern

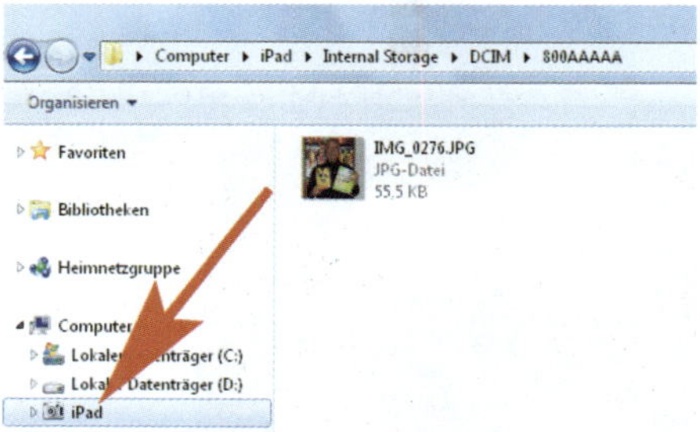

Und wie gelangen eigene Aufnahmen vom iPad auf den Computer? Um das zu bewerkstelligen müssen Sie nicht einmal extra iTunes aufrufen. Wenn entsprechende Aufnahmen vorhanden sind, wird das iPad nach dem Anschließen an den Computer als Laufwerk angezeigt (die Abbildung zeigt das iPad und eine darauf befindliche Aufnahme im Windows-Explorer). Von dort lassen sich die Aufnahmen in einen lokalen Ordner verschieben.

Und so setzen Sie Ihr iPad als digitalen Bilderrahmen ein

Kaufen Sie sich bloß keinen digitalen Bilderrahmen – für die seltenen Fälle, in denen Sie einen solchen benötigen werden, setzen Sie Ihr iPad ein! Praktisch: Die Diashow lässt sich direkt auf dem Sperr-Bildschirm starten und stoppen – tippen Sie einfach auf das Symbol ▣, um die in der Fotos-App gespeicherten Bilder wiederzugeben.

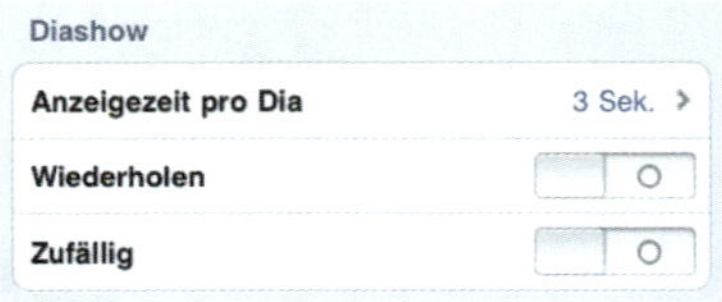

Sollen die Bilder länger als bloß drei Sekunden angezeigt werden? Entsprechende Einstellungen zur Diashow nehmen Sie unter *Einstellungen/Fotos* vor.

Diashow mit Musikuntermalung gewünscht? Lassen Sie sich Ihre Fotos bzw. ein bestimmtes Album in der App Fotos anzeigen, tippen Sie auf *Diashow*, aktivieren Sie die Option *Musikwiedergabe* und wählen Sie einen Musiktitel aus (vgl. Kapitel 8), bevor Sie die Diashow mit einem Fingertipp auf *Präsentation starten* beginnen.

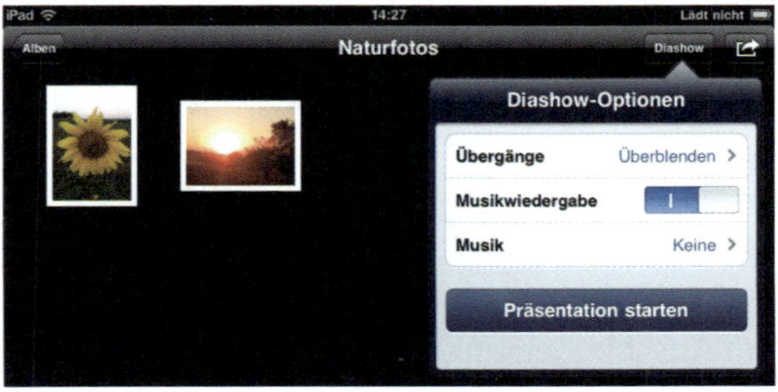

Fotoalben durchblättern war gestern – präsentieren Sie Ihre Fotos lieber auf lebendige Weise als Diashow mit Musikuntermalung.

Effekte gewünscht oder mehr Helligkeit erforderlich? Fotos direkt auf dem iPad bearbeiten

Haben Sie die vorinstallierte iPad-App Photo Booth bereits ausprobiert? Damit lassen sich spaßige iPad-Aufnahmen erstellen und mit witzigen Effekten versehen. Für eine seriöse Bildbearbeitung empfehle ich Ihnen allerdings die Photoshop Express-App, die Sie kostenlos aus dem App Store herunterladen. Damit holen Sie alle wichtigen Bildbearbeitungsfunktionen wie Helligkeit verändern, Bilderzuschnitt & Co. auf Ihr iPad!

Oder sind Sie auf der Suche nach einer App für die Videobearbeitung? Sehr empfehlenswert in diesem Zusammenhang ist iMovie von Apple; diese App schlägt allerdings mit 3,99 Euro zu Buche.

Gute Unterhaltung und nützliche Informationen: YouTube-Videos auf dem iPad ansehen

Lust auf einen lustigen Videoclip, auf ein Musikvideo oder Aufnahmen von aktuellen Katastrophen? Bei YouTube – dem größten Videoportal der Welt – finden Sie alles! Auf dem iPad müssen Sie YouTube nicht mal in Safari (unter *www.youtube.de*) laden. Verwenden Sie stattdessen die bereits vorinstallierte YouTube-App.

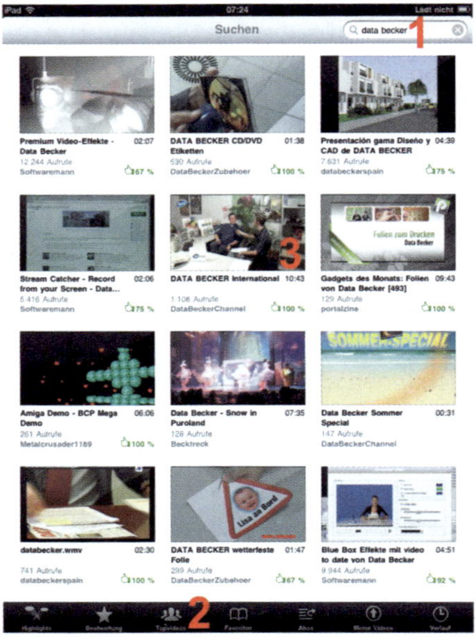

Der Aufbau der YouTube-App ähnelt der von iTunes: Sie finden rechts oben ein Suchfeld zum Durchstöbern der Inhalte (1), unten eine Kategorienleiste (2) und im Hauptbereich die zur Verfügung stehenden Videoclips. Um einen Videoclip auszuwählen, müssen Sie diesen im Hauptbereich lediglich antippen (3).

Betrachten Sie den ausgewählten Videoclip im Hochformat, so werden Ihnen eine ganze Reihe von Informationen dazu sowie verschiedene YouTube-Optionen angezeigt. Möchten Sie den Clip lieber im Großformat betrachten? Drehen Sie das iPad hierzu einfach ins Querformat!

Wollen Sie Videoclips den Favoriten hinzufügen, die Beiträge anderer Nutzer kommentieren oder eigene Videoclips hochladen? Legen Sie hierzu im Webbrowser unter *http://www.youtube.de* ein YouTube-Konto an und tippen Sie, nachdem Sie sich registriert haben, in der YouTube-App auf *Anmelden*. Übrigens können Sie für die Registrierung auch die Zugangsdaten Ihres Google-Kontos verwenden, da YouTube zum Google-Konzern gehört.

YouTube genügt Ihnen nicht? Weitere interessante Streaming-Apps sind z. B. Clipfish, ProSieben und Justin.tv (letztere App ist derzeit leider nur im iPhone-Format verfügbar). Ebenfalls spannend: die mobile ZDF-Mediathek, die Sie im iPad-Webbrowser unter *m.zdf.de/mediathek* aufrufen, um auf eine riesige Video-Datenbank zuzugreifen.

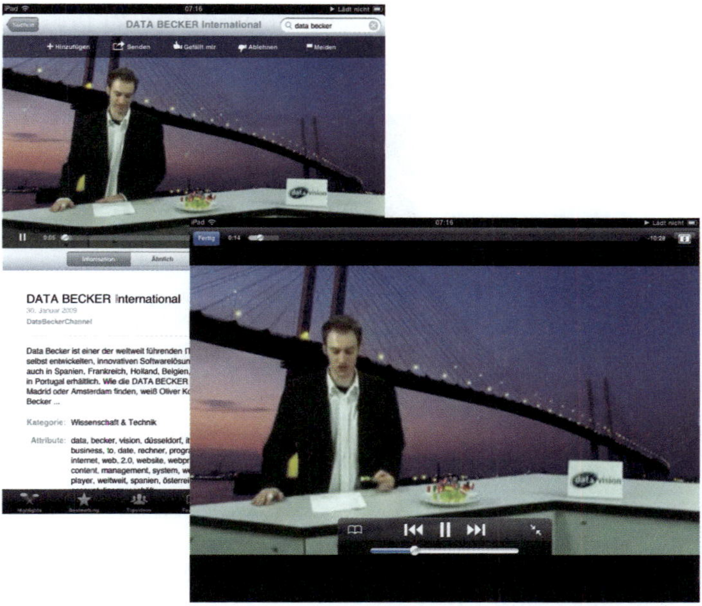

Videoclips auf dem iPad abspielen – dank YouTube-App laden Sie Videos aller Art ganz komfortabel aus dem Internet.

Sie haben mit dem iPad einen Videoclip aufgenommen, den Sie bei YouTube veröffentlichen möchten?

Sofern Sie sich bei YouTube registriert haben, ist auch das Hochladen von Videoclips, die Sie mit dem iPad aufgenommen haben, überhaupt kein Problem: Tippen Sie den Clip hierzu in der Fotos-App an, entscheiden Sie sich für das Symbol und wählen Sie die Option *An YouTube senden*.

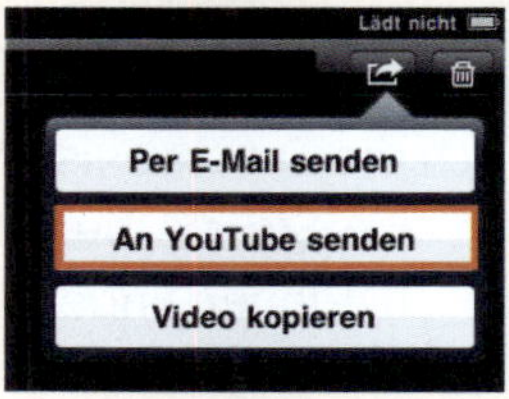

Sie wollen Ihr Urlaubsvideo auf das iPad laden? Bringen Sie es ins passende Format

Sie möchten Videos vom PC auf das iPad laden, z. B. um Ihren Freunden ein Video Ihrer letzten Urlaubsreise zu präsentieren? Gar kein Problem!

Allerdings unterstützt das iPad nur wenige Videoformate (neben dem Streamingformat H.264 die Formate MP4, M4V sowie MOV). In den meisten Fällen wird das Video nicht im passenden Format vorliegen; sodass Sie dieses umwandeln müssen – verwenden Sie hierfür z. B. die kostenlose Software Free Video to iPad Converter, die Sie unter der folgenden Webadresse herunterladen: *http://www.dvdvideosoft.com*.

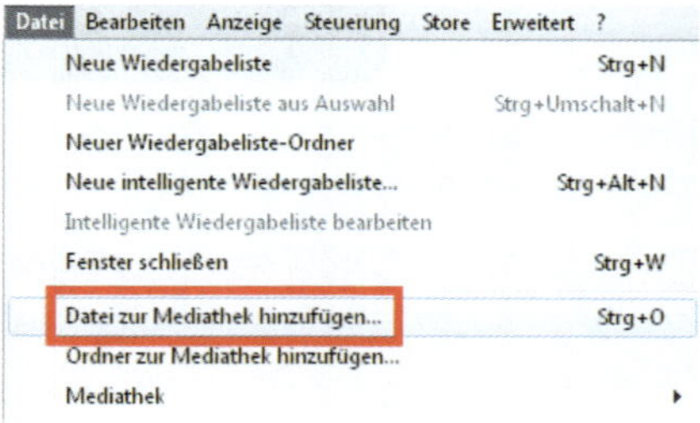

In iTunes nehmen Sie das Video nun mit *Datei/Datei zur Mediathek hinzufügen* in die Mediathek auf, sodass es unter der Rubrik *Filme* zur Verfügung steht.

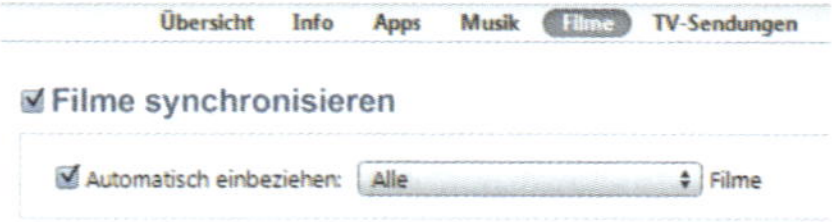

Anschließend nehmen Sie noch die Synchronisierung vor, wie Sie sie bereits in verschiedenen anderen Zusammenhängen kennengelernt haben. Sie können das Video dann in der Videos-App auswählen und betrachten.

Videos im größeren Format: Übers iPad Filme vom PC auf TV-Gerät oder Beamer streamen

Statt ein Video aufs iPad zu laden, können Sie dieses auch übers WLAN streamen – dank der AirVideo-Funktion in iTunes eine einfache Sache; Voraussetzung ist allerdings, dass eine WLAN-Verbindung zwischen PC und iPad besteht (vgl. Kapitel 3).

Eine weitere Voraussetzung: Sowohl in iTunes am PC (unter *Erweitert/Privatfreigabe aktivieren*) als auch auf dem iPad (unter *Einstellungen/iPod*, Abschnitt *Privatfreigabe*) muss – mithilfe der iTunes-Zugangsdaten – die Privatfreigabe aktiviert werden.

Das war es bereits! Die Videos – iTunes am PC muss hierzu geöffnet sein – lassen sich nun übers WLAN streamen. In der Videos-App tippen Sie zur Auswahl auf *Freigegeben*; in der iPod-App entscheiden Sie sich für die gewünschte *Mediathek*.

Mit dem passenden Kabel kein Problem: Das iPad an TV-Gerät oder Beamer anschließen

Möchten Sie Ihre Videos (übrigens auch YouTube-Clips sowie Foto-Diashows) lieber auf dem TV-Gerät oder der Beamer-Leinwand betrachten? Mit einem entsprechenden Anschlusskabel oder einem HDMI-Adapter – beides erhalten Sie z. B. bei Amazon – stellt das überhaupt kein Problem dar.

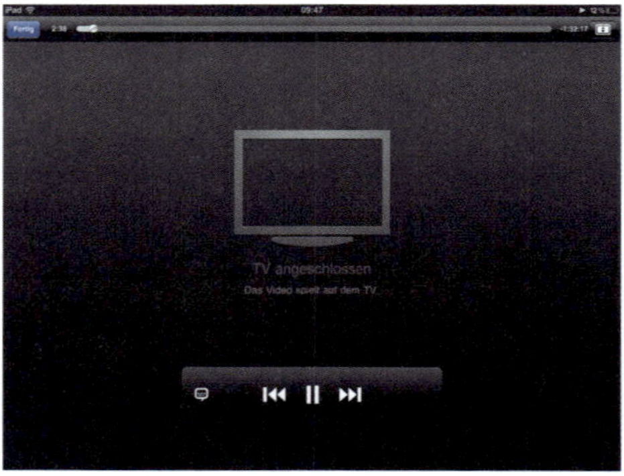

Das Video wird auf TV-Gerät oder Beamer übertragen – auf dem iPad wird es währenddessen nicht angezeigt.

Zum Anschließen des iPads an TV-Gerät oder Beamer gehen Sie am besten so vor, dass Sie auf dem iPad ein Video abspielen. Suchen Sie dann auf dem TV-Gerät den entsprechenden Kanal bzw. sorgen Sie am Beamer für die Erkennung des Geräts. Lehnen Sie sich dann zurück, um Film, Videoclip oder Foto-Diashow genussvoll im größeren Format zu betrachten!

Stop & Go

- Setzen Sie Ihr iPad als Digitalkamera für zwischendurch ein – zum Aufnehmen sowohl von Fotos als auch von Videoclips!

- Um Fotos vom PC auf das iPad zu übertragen, erstellen Sie am besten einen Ordner mit Unterordnern, um Ihre Fotos auf dem iPad in entsprechenden Alben zu sortieren.
- Sie wollen Ihre Aufnahmen vom iPad auf den PC übertragen? Schließen Sie das iPad hierzu einfach an den Computer an – es wird dann z. B. im Windows-Explorer als zusätzliches Laufwerk angezeigt.
- Fotos direkt von der Digitalkamera auf das iPad importieren: Verwenden Sie zu diesem Zweck ein „Camera Connection Kit"; es muss nicht zwingend das originale von Apple sein.
- Verwenden Sie das iPad als digitalen Bilderrahmen, um Ihre Fotos in der einer ansprechenden Diashow zu präsentieren – das geht sogar direkt vom Sperr-Bildschirm aus!
- Fotos direkt auf dem iPad bearbeiten: Hierfür empfehle ich die kostenlose App Photoshop Express.
- Möchten Sie auf Ihrem iPad auf Millionen Videoclips aus allen Bereichen zugreifen? Verwenden Sie zu diesem Zweck die bereits vorinstallierte YouTube-App.
- Videos den Favoriten hinzufügen, kommentieren oder eigene Videoclips hochladen: Voraussetzung hierfür ist lediglich ein YouTube-Konto, das Sie im Webbrowser unter *http://www.youtube.de* anlegen.
- Das Urlaubsvideo aufs iPad bringen: Wandeln Sie es z. B. mit der Software Free Video to iPad Converter (*http://www.dvdvideosoft.com*) ins passende Format um.
- Aktivieren Sie die Privatfreigabe, um Ihre Videos via WLAN aufs iPad zu streamen und gegebenenfalls auf dem TV-Gerät zu betrachten.

8. Musik & Hörbücher: Jetzt bringen Sie Ihr iPad so richtig zum Klingen!

Lust auf etwas Musik zwischendurch? Verwenden Sie Ihr iPad zum Musik hören – und um Musik zu machen. Wie das alles funktioniert, lesen Sie in diesem Kapitel:

Ganz einfach: Wiedergabelisten erstellen und Ihre Musik vom PC aufs iPad übertragen

Möchten Sie auf dem iPad Musik hören? Dazu müssen Sie sich nicht unbedingt neue Musiktitel in iTunes erwerben. Falls Sie auf Ihrem PC bereits eine Musiksammlung angelegt haben, können Sie diese selbstverständlich auch auf dem iPad nutzen. Erstellen Sie in iTunes am PC zu diesem Zweck Wiedergabelisten:

1. Zunächst mal müssen die gewünschten Musiktitel in die iTunes-Mediathek aufgenommen werden. Entscheiden Sie

sich hierzu in der iTunes-Menüleiste für *Datei/ Ordner zur Mediathek hinzufügen* und geben Sie den Pfad zum Musikordner an.

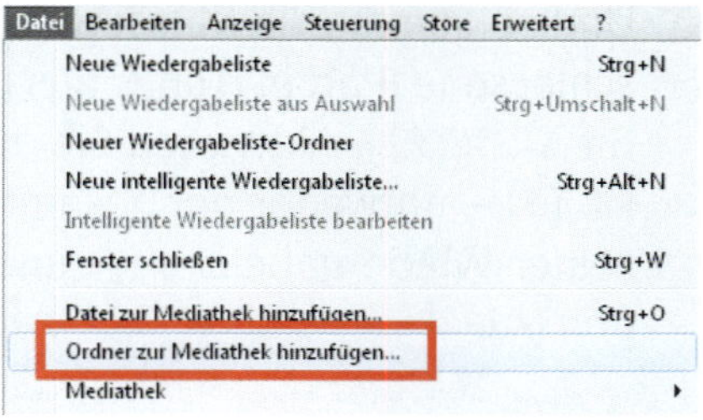

2 Klicken Sie links unten in iTunes auf das Plussymbol ➕ und geben Sie der damit erstellten Wiedergabeliste eine schlüssige Bezeichnung.

3 Entscheiden Sie sich in iTunes für die *Musik*-Mediathek (1), wählen Sie einen – bzw. bei gedrückter Strg-Taste mehrere – Titel aus (2) und ziehen Sie diesen bei gedrückter linker Maustaste zur Wiedergabeliste (3).

4 Und so kommt die Musik aufs iPad: Wählen Sie das angeschlossene iPad in iTunes aus (1) und entscheiden Sie sich für *Musik* (2). Aktivieren Sie die Synchronisierung der Musik (3) – entweder der gesamten Mediathek oder nur einzelner Wiedergabelisten – und bestätigen Sie mit *Anwenden* (4).

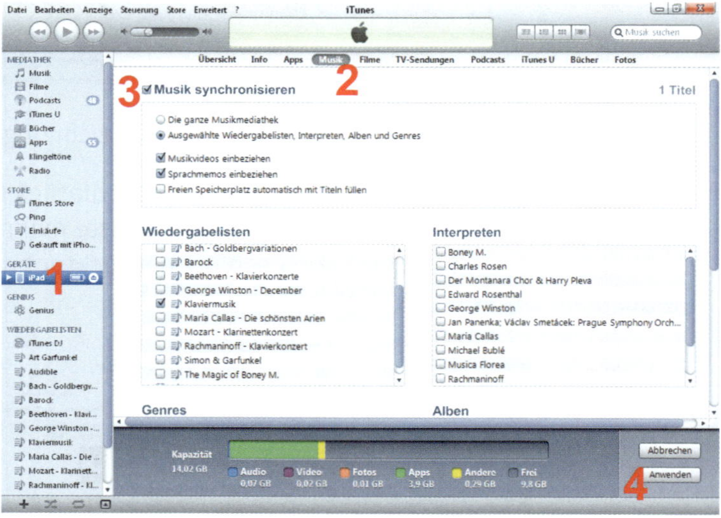

Übrigens: Wiedergabelisten lassen sich auch direkt auf dem iPad erstellen bzw. bearbeiten – Voraussetzung ist aber natürlich, dass Sie die Musik bereits aufs iPad übertragen haben.

Audio-CDs direkt in iTunes importieren

Sie möchten Musik, die sich auf einer Audio-CD befindet, auch auf dem iPad nutzen? Starten Sie iTunes am PC und legen Sie die Audio-CD ins Laufwerk ein. Sie werden automatisch gefragt, ob Sie die CD in die iTunes-Mediathek importieren möchten. Bestätigen Sie mit *Ja*, um den Importvorgang zu starten.

Die Musikwiedergabe auf dem iPad gekonnt steuern

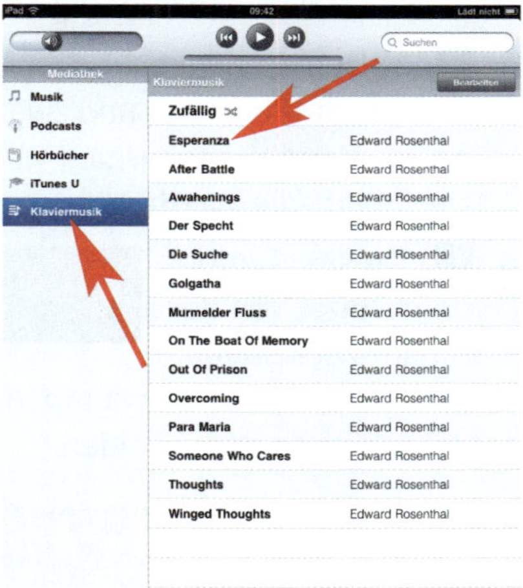

Um die auf das iPad geladene Musik wiederzugeben, verwenden Sie die iPod-App. Sie finden dort nach der Synchronisierung die auf dem PC angelegte Wiedergabeliste samt der entsprechenden Musikdateien. Tippen Sie die erste Datei in der Liste an, um die Liste von Anfang an abzuspielen.

Das iPad hat gar keinen schlechten Klang, nicht wahr? Für den ungestörten Musikgenuss in Bus und Bahn können Sie selbstverständlich auch einen Kopfhörer anschließen. Hier ein kleiner Überblick über weitere wichtige Funktionen bei der Musikwiedergabe auf dem iPad:

- : Tippen Sie auf dieses Symbol, um die aktuelle Wiedergabe zu unterbrechen (und auf das Symbol , um die Wiedergabe fortzusetzen).

-  bzw. : Springen Sie mithilfe dieser Symbole zum vorigen bzw. nächsten Titel in der Wiedergabeliste.
- : Wenn Sie dieses Symbol antippen, wird die Wiedergabeliste wiederholt; tippen Sie das Symbol zweimal an, wird nur der aktuelle Titel wiederholt.

- : Lassen Sie die Wiedergabeliste per Tipp auf dieses Symbol in zufälliger Reihenfolge wiedergeben.
- : Mit einem Fingertipp auf dieses Symbol gelangen Sie zurück zur iPod-App, und zwar ohne die aktuelle Wiedergabe zu unterbrechen (auch wenn die iPod-App geschlossen wird, läuft die Wiedergabe weiter).
- : Dieses Symbol dient dazu, von der Album- zur Listenansicht zu wechseln, etwa um einen anderen Titel in der Wiedergabeliste auszuwählen.

Auch Ihr Lieblingssender ist dabei: Webradio hören auf dem iPad

Eine gute Alternative zu den Wiedergabelisten: Empfangen Sie auf Ihrem iPad – via Internet – Webradio aus aller Welt. Mein App-Favorit in diesem Zusammenhang ist radio.de – Sie finden hier Tausende Sender, und die Nutzung ist völlig kostenlos. Um Ihre Lieblingssender speichern zu können, empfehle ich die ebenfalls kostenlose Registrierung. Nutzen Sie die App im Querformat, um auf sämtliche Funktionen zugreifen zu können!

Hörbücher auf dem iPad: Lassen Sie sich doch einmal etwas erzählen!

Wie Sie Hörbücher sowie Podcasts oder kostenlose Uni-Vorlesungen aus iTunes herunterladen, habe ich Ihnen bereits in Kapitel 4 gezeigt. Bei den aus iTunes geladenen Titeln stellt die Verwaltung überhaupt kein Problem dar: Sie finden die Kategorien *Bücher*, *Podcasts* sowie *iTunes U* sowohl in der Leiste links (1) als auch, wenn das iPad an den PC angeschlossen ist, in der Synchronisierungsleiste (2).

Probleme gibt es dann, wenn Sie die Hörbücher von einer CD auf den Computer kopieren: Wenn Sie die Titel – Sie erinnern sich: *Mit Datei/Ordner der Mediathek hinzufügen* – in die iTunes-Mediathek aufnehmen, werden diese zunächst als Musiktitel eingestuft. Markieren Sie in einem solchen Fall die Hörbuch-Titel in der Mediathek (Sie können per Suchfeld danach

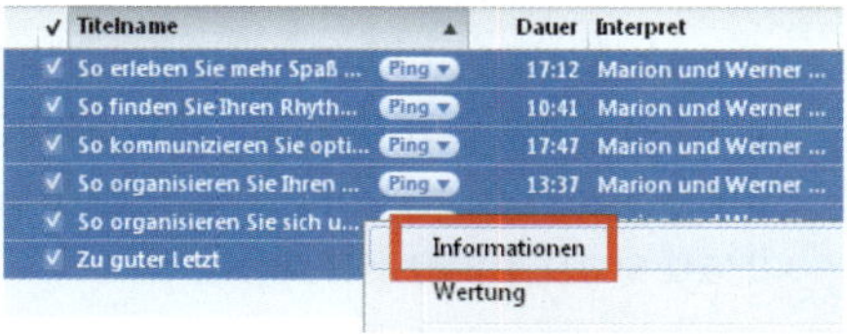

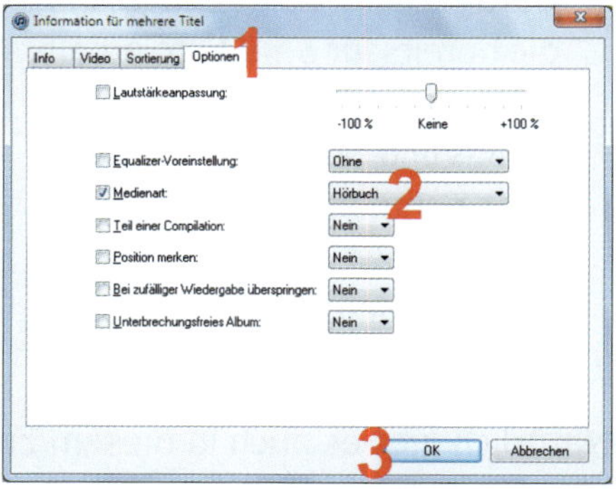

suchen), klicken Sie diese mit der rechten Maustaste an und entscheiden Sie sich im Menü für den Eintrag *Informationen*. Unter *Optionen* (1) wählen Sie die Medienart *Hörbuch* aus (2) und bestätigen mit *OK* (3) – die Titel werden daraufhin als *Bücher* erkannt.

Klavier, Gitarre & Co.: Ihr iPad können Sie sogar als Musikinstrument einsetzen

Eine iPad-Funktion, die sich zunehmender Beliebtheit erfreut: Verwenden Sie Ihr iPad nicht nur dazu, Musik wiederzugeben, sondern verwenden Sie es als Musikinstrument! Es finden sich diesbezüglich bereits eine Menge toller Apps im App Store. Besonders empfehlenswert:

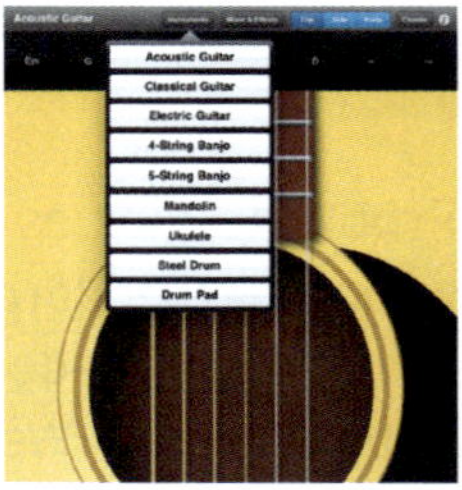

- **Six Strings**: Diese App schlägt mit 5,49 Euro zu Buche, bietet jedoch gleich mehrere Musikinstrumente in einer App mit dem Schwerpunkt auf Zupfinstrumenten wie Gitarre, Mandoline oder Banjo. Nehmen Sie zum nächsten Lagerfeuer das iPad statt Ihrer Klampfe mit!

- **GarageBand**: Eine geniale App, die bereits für 3,99 Euro erhältlich ist – spielen Sie Klavier, Drums und weitere Instrumente oder nehmen Sie den eigenen Gesang auf. Mit dieser App kommen selbst professionelle Musiker auf ihre Kosten!

Natürlich gibt es auch in diesem Zusammenhang jede Menge auch kostenloser Apps – stöbern Sie im App Store danach!

Stop & Go

- Fügen Sie Ihre Musik (und andere Mediendateien) mit *Datei/Datei der Mediathek hinzufügen* bzw. *Datei/Ordner der Mediathek hinzufügen* der iTunes-Mediathek am PC hinzu.
- Erstellen Sie anhand der in der Mediathek befindlichen Musikdateien Wiedergabelisten, die Sie mit dem iPad synchronisieren – alternativ lässt sich auch die gesamte Musik-Mediathek synchronisieren.
- Möchten Sie Musik, die auf einer Audio-CD befindlich ist, auch auf dem iPad hören? Öffnen Sie iTunes am PC und legen Sie die Audio-CD in das Laufwerk ein. Sie werden automatisch gefragt, ob Sie diese in iTunes importieren möchten – bestätigen Sie mit *Ja*, um den Importvorgang zu starten und die Musikdateien anschließend mit dem iPad zu synchronisieren.
- Um das iPad für die Musikwiedergabe zu nutzen, starten Sie die iPod-App, wählen die gewünschte Wiedergabeliste aus und tippen den ersten Titel in der Liste an, um die Wiedergabe von Beginn an zu starten.
- Webradio hören auf dem iPad: Entscheiden Sie sich hierfür beispielsweise für die App radio.de, die Tausende Radiosender weltweit bereitstellt.
- Hörbücher, die Sie von CD kopiert haben, werden in iTunes nicht als Hörbücher erkannt? Wählen Sie die entsprechenden Dateien in der Mediathek aus, klicken Sie diese mit der rechten Maustaste an und wählen Sie *Informationen*, um sie der Medienart *Hörbuch* zuordnen zu können.
- Verwenden Sie Ihr iPad als Musikinstrument, etwa zum Gitarre oder Klavier spielen. Besonders empfehlenswerte Apps in diesem Zusammenhang sind Six Strings sowie Garageband.

9. E-Books & Zeitungen: Ihre Bibliothek und den Bahnhofskiosk immer mit dabei

Eine gute Ergänzung zum gedruckten Buch, zur Zeitung oder zur Zeitschrift: Setzen Sie Ihr iPad als exzellenten E-Book-Reader mit tollen Funktionen ein:

- Sie laden E-Books aus iBooks auf Ihr iPad: Seite 108
- Sie übertragen E-Books und Dokumente vom PC auf das iPad: Seite 111
- Sie erstellen mit kostenloser Software eigene E-Books: Seite 112
- Sie lesen auf Ihrem iPad auch Zeitungen und Magazine: Seite 113
- Stop & Go: Seite 114

Kinderleicht: elektronische Bücher in iBooks herunterladen und auf dem iPad lesen

An das elektronische Lesen von Büchern muss man sich erst mal gewöhnen, aber es lohnt sich: Nehmen Sie auf dem iPad Ihre ganze Bibliothek in den Urlaub mit. Hier zeige ich Ihnen, wie einfach Sie in der Apple-App iBooks ein Buch herunterladen und auf dem iPad lesen:

1 Laden Sie die App iBooks aus dem App Store und starten Sie sie. Ihnen wird zunächst ein leeres „Bücherregal“ angezeigt. Entscheiden Sie sich links oben für den Button *Store*.

2 Im folgenden Fenster werden Sie sich an iTunes erinnert fühlen: Nutzen Sie das eingebaute Suchfeld, um nach bestimmten Buchtiteln oder Autoren zu suchen (1), oder verwenden Sie alternativ die Kategorien unten (2). Hier entscheide ich mich unter der Kategorie *Im Spotlight* für *Kostenlose Bücher* (3) …

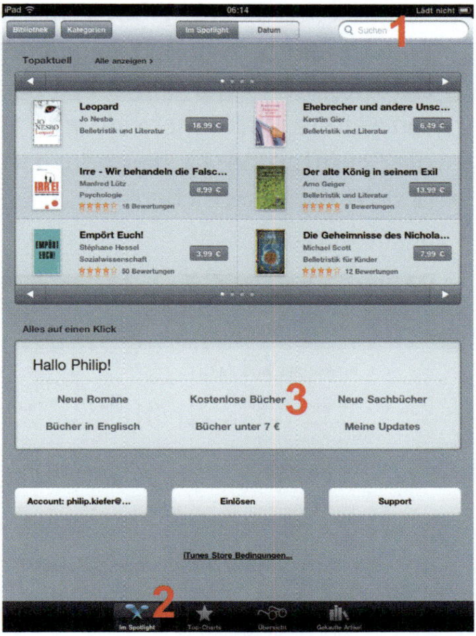

3 … und klicke zum Download auf *Gratis* (bei kostenpflichtigen E-Books auf den Preis) sowie *Buch holen*.

4 Nun werden die iTunes-Zugangsdaten abgefragt; anschließend wird das E-Book heruntergeladen und steht im Bücherregal (der *Bibliothek*) zur Verfügung. Tippen Sie das Cover an …

5 … und lesen Sie das E-Book (fast) wie ein gedrucktes Buch: Zum Umblättern tippen Sie auf den rechten Buchrand; zum Zurückblättern auf den linken Buchrand. Die Symbole bieten weitere Funktionen: ändert die Helligkeit; ᴀA ändert die Schriftgröße; dient dazu, das Buch zu durchsuchen; setzt ein Lesezeichen; ruft Inhaltsverzeichnis und Lesezeichen auf.

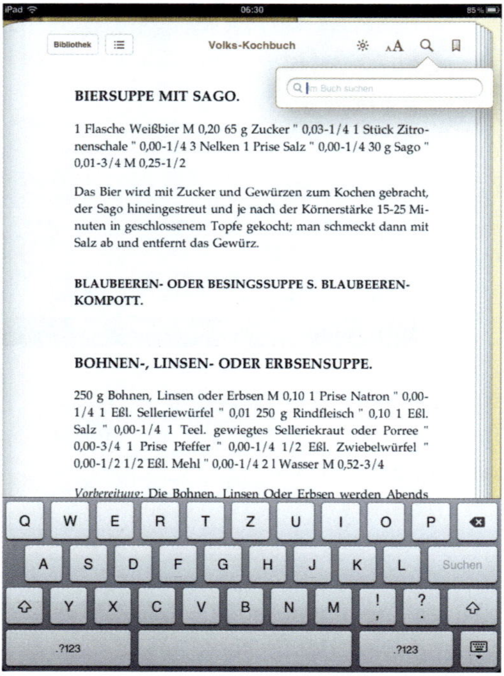

Falls Ihnen iBooks nicht zusagen sollte, können Sie auch auf andere E-Book-Apps zurückgreifen, z. B. Kindle (Amazon-Dienst), PagePlace (Dienst der Deutschen Telekom), Stanza oder textunes. Darüber hinaus gibt es Apps, die einzelne Bücher bzw. Bücher eines bestimmten Autors (etwa die App Shakespeare) beinhalten. Stöbern Sie im App Store danach!

Sie möchten E-Books und Dokumente vom PC auf das iPad laden? Nichts leichter als das!

Sie haben bereits E-Books oder PDF-Dokumente auf Ihrem Computer gespeichert, die Sie auf Ihrem iPad nutzen möchten? Es geht ganz einfach:

1 Entscheiden Sie sich in iTunes am PC für *Datei/Datei zur Mediathek hinzufügen* (1), wählen Sie das gewünschte E-Book oder PDF-Dokument aus (2) und bestätigen Sie mit *Öffnen* (3).

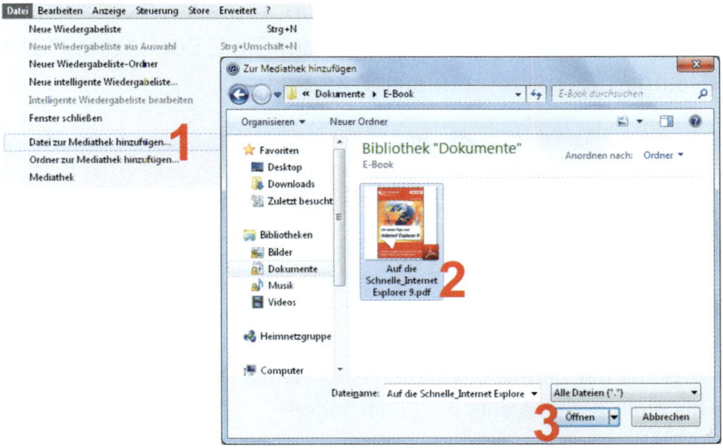

2 Das E-Book steht nun unter *Bücher* zur Verfügung. Schließen Sie das iPad an den Computer an, klicken Sie auf *Bücher* (1) und aktivieren Sie die Synchronisierung der E-Books (2).

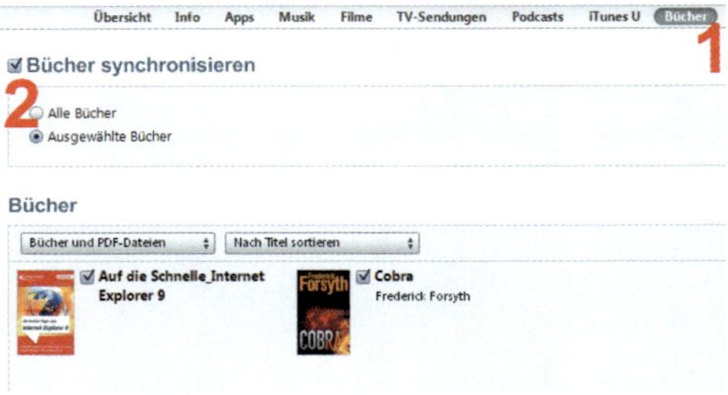

3 Nach der Synchronisierung steht das E-Book in iBooks zur Verfügung und kann dort wie oben beschrieben gelesen werden. Um zwischen in iBooks zwischen E-Books und PDF-Dokumenten zu wechseln, tippen Sie auf *Sammlungen* und treffen Ihre Auswahl. (Mein Tipp: Erstellen Sie eine eigene Sammlung, in der Sie E-Books und PDF-Dokumente zusammenfassen können.)

E-Books selbst erstellen: Verwenden Sie die kostenlose Software calibre

Sie wollen aus Ihren Dokumenten „richtige" E-Books erstellen und diese vielleicht im Internet verbreiten? Verwenden Sie für die Erstellung die kostenlose Software calibre, die Sie unter der Webadresse *http://calibre-ebook.com* herunterladen. Praktisch: In Kombination z. B. mit der bereits erwähnten App Stanza lassen sich E-Books damit auch drahtlos aufs iPad übertragen.

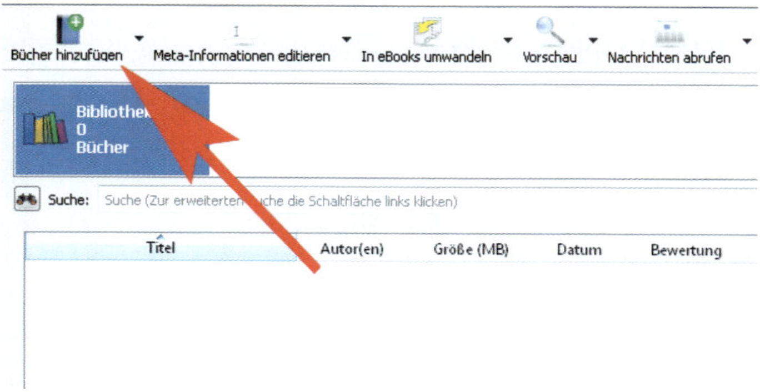

Zeitungen und Magazine: jederzeit & überall auf Nachrichten und aktuelle Informationen zugreifen

Auch das Lesen von Zeitungen und Magazinen auf dem iPad ist mittlerweile kein Problem mehr, da die Verlage diesen neuen Absatzmarkt für sich entdeckt haben. Sie finden:

- **E-Versionen von Druckausgaben**: Laden Sie – z. B. mit iKiosk oder PagePlace – elektronische Versionen gedruckter Zeitungen und Magazine auf das iPad.
- **Magazin- und Zeitungs-Apps**: Zahlreiche Zeitungen und Magazine bieten kostenlose iPad-Apps mit Nachrichten und Informationen, die für das iPad aufbereitet wurden. Empfehlenswert sind z. B. die Apps von Focus oder Tagesschau.
- **Spezielle iPad-Magazine**: Inzwischen gibt es sogar Magazine, die ausschließlich auf dem iPad verfügbar sind, z. B. TopTraveller (ein Reisemagazin) oder Berliner Zeiten (ein iPad-Magazin der Berliner Zeitung).

Die meisten Zeitungen und Magazine lassen sich auch weiterhin ganz normal im Webbrowser aufrufen. Empfehlenswert in diesem Zusammenhang ist Google News unter *http://news.google.de* – hier werden die Meldungen aller wichtigen Medien zusammengefasst.

Stop & Go

- Stöbern Sie in der Apple-App iBooks nach E-Books aller Art – Sie finden hier top aktuelle Titel genauso wie Klassiker zum kostenlosen Herunterladen.
- Lesen Sie E-Books auf dem iPad wie gedruckte Bücher, wobei Sie zum Umblättern auf den rechten Bildschirmrand tippen, zum Zurückblättern auf den linken Bildschirmrand; nutzen Sie darüber hinaus weitere nützliche iBooks-Funktionen wie die Suche innerhalb eines Buches oder das Setzen von Lesezeichen.
- Sie suchen nach alternativen E-Book-Apps? Ebenfalls sehr empfehlenswert sind die Apps Kindle (Amazon), PagePlace (Deutsche Telekom), Stanza sowie textunes.
- E-Books und PDF-Dokumente vom PC auf das iPad laden: Fügen Sie die entsprechenden Dateien mit *Datei/Datei zur Mediathek hinzufügen* der iTunes-Mediathek hinzu und synchronisieren Sie die Bücher anschließend mit dem iPad.
- Sie vermissen ein PDF-Dokument in der iBooks-Bibliothek? Tippen Sie auf *Sammlungen*, um sich die PDF-Dokumente anzeigen zu lassen; es lassen sich auch neue Sammlungen erstellen, in denen Sie E-Books und PDF-Dokumente zusammenfassen.
- Aus Dokumenten auf dem PC eigene E-Books erstellen: Kein Problem mit der kostenlosen Software calibre.
- Lesen Sie Zeitungen und Magazine auf dem iPad, entweder elektronische Versionen der Druckausgaben (z. B. mit iKiosk oder PagePlace) oder in für das iPad optimierter Form (z. B. Focus, Tagesschau, TopTraveller oder Berliner Zeiten).
- Auch das geht selbstverständlich: Onlinezeitungen und -magazine im iPad-Webbrowser lesen, z. B. unter *http://news.google.de*.

10. Office & Banking: Verwenden Sie Ihr iPad als Unterwegs-Büro!

Das iPad ersetzt zwar weder Desktop-Computer noch Notebook, aber es bietet prinzipiell alle wichtigen Office-Funktionen – lernen Sie diese auf den folgenden Seiten kennen:

Nie wieder Termine vergessen: das iPad als elektronischen Kalender nutzen

Der iPad-Kalender eignet sich optimal zum Verwalten Ihrer Termine auch unterwegs. Tippen Sie das Kalendersymbol an, um die Kalender-App zu starten. Die Bedienoberfläche (ich empfehle die Nutzung der App im Querformat) ist schnell erschlossen:

Den größten Teil der Bedienoberfläche nimmt der eigentliche Kalender ein (1), für den verschiedene Ansichtsoptionen zur Verfügung stehen (2); das Suchfeld rechts oben in der App hilft Ihnen dabei, bestimmte Termine schnell zu finden (3); der *Kalender*-Button rechts oben in der App dient dazu, einzelne Kalender ein- oder auszublenden (4). Unten in der App finden Sie schließlich eine Navigationsleiste (5) sowie ...

... ein [+]-Symbol (6), das Sie antippen, um dem Kalender einen neuen Termin hinzuzufügen.

Neue Termine direkt auf dem iPad erstellen – auch eine Terminerinnerung rechtzeitig vor dem geplanten Termin stellt keinerlei Problem dar.

Rascher Datenabgleich: Ihre Termine mit Outlook oder einem Webkalender abgleichen

Besonders reizvoll ist der iPad-Kalender dadurch, dass auch Daten aus Outlook, dem Google-Kalender oder weiteren Kalendern übernommen werden können. Hier ein kleiner Überblick:

- **Synchronisierung mit Outlook**: Aktivieren Sie dazu einfach in iTunes am PC unter *Info* (bei angeschlossenem iPad) die Kalendersynchronisierung.

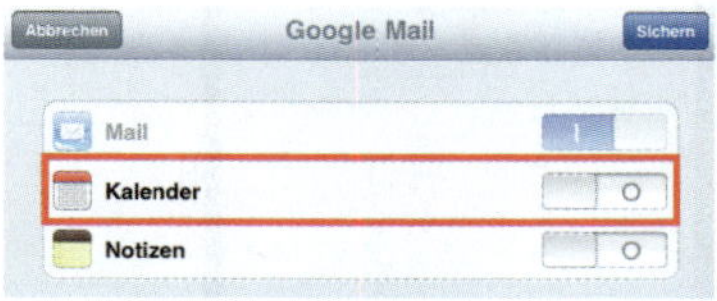

- **Synchronisierung mit dem Google-Kalender**: Sie erinnern sich an das in Kapitel 5 beschriebene Hinzufügen eines Google-Mail-Accounts? Im Zuge der Account-Erstellung können Sie sich auch dafür entscheiden, den Google Kalender (Webadresse: *http://calendar.google.com*) auf dem iPad zu übernehmen.

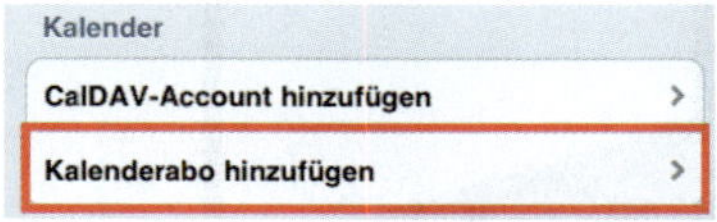

- **Webkalender abonnieren**: Beliebige Webkalender abonnieren – tippen Sie hierzu unter *Einstellungen/Mail, Kontakte, Kalender* auf *Account hinzufügen*, wählen *Andere* und dann *Kalenderabo hinzufügen*.

Damit Ihnen keine Ideen verloren gehen: das iPad als praktisches Notizbuch einsetzen

Die App Notizen haben Sie bereits in Kapitel 2 kurz kennengelernt. Lassen Sie mich Ihnen diese im iPad-Alltag sehr nützliche App noch etwas näher vorstellen.

Verwenden Sie die Notizen-App für den besten Überblick im Querformat; Sie finden dann das gewohnte Notizblatt (1) sowie das +-Symbol zum Hinzufügen weiterer Notizen (2); in der Leiste links gibt es eine Übersicht Ihrer Notizen samt Suchfunktion (3); die Symbolleiste unten (4) dient zum Blättern zwischen den einzelnen Notizen, zum Versenden einer Notiz als E-Mail-Text sowie zum Löschen der aktuell aufgerufenen Notiz.

Praktisch: Die iPad-Notizen lassen sich ebenfalls mit Outlook am PC synchronisieren. Aktivieren Sie die entsprechende Synchronisierungsoption bei angeschlossenem iPad unter *Info*.

Und so dient Ihr iPad als pfiffiger Skizzenblock

Der Touchscreen des iPads erlaubt es, mithilfe einer entsprechenden App auf dem iPad auch zu zeichnen. Ich empfehle in diesem Zusammenhang die exzellente Gratis-App LiveSketch HD.

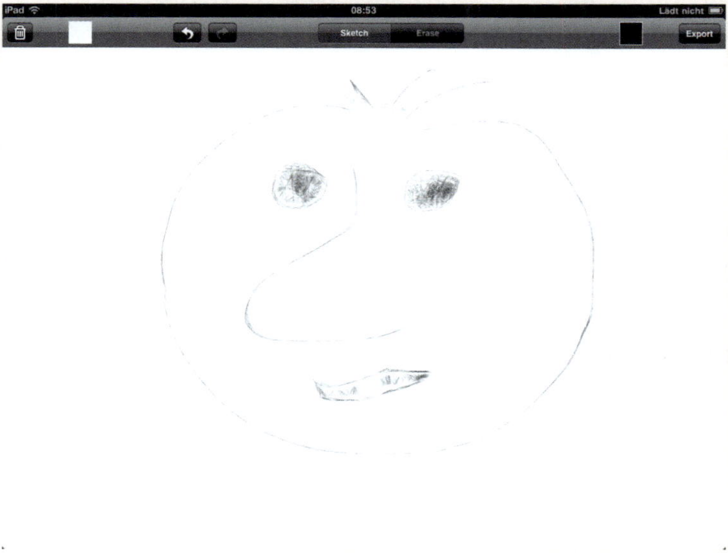

Text, Tabellen und mehr: Ihr Office-Paket fürs iPad

Sie wollen mit Ihrem iPad richtig arbeiten, d. h. auch Texte, Tabellen oder Präsentationen erstellen bzw. bearbeiten? Mit den passenden Apps ist dies ebenfalls realisierbar. Besonders empfehlenswert sind in diesem Zusammenhang die Apple-Apps Pages (Textverarbeitung), Numbers (Tabellenkalkulation) und Keynote (Präsentationen), die allerdings jeweils mit 7,99 Euro zu Buche schlagen.

Eine preisgünstigere Alternative bietet z. B. die App Office² HD, die „nur" 5,99 Euro kostet, allerdings auch lediglich Textverarbeitung und Tabellenkalkulation beinhaltet.

Wer es komplett kostenlos möchte, der nutzt Google Text & Tabellen unter *http://docs.google.com* im iPad-Webbrowser – benötigt hierfür allerdings eine Internetverbindung. (Tipp: Entscheiden Sie sich beim Erstellen neuer Dokumente oder Tabellen für die Option *Desktop-Version verwenden*.)

Ihre Dokumente direkt vom iPad aus drucken – so wird's gemacht

Die auf dem iPad erstellten lassen sich mit den einschlägigen Apps entweder per E-Mail, durch Synchronisierung in iTunes oder manchmal sogar via WLAN an den PC senden. Zum Ausdrucken etwa eines Briefes, den Sie auf dem iPad geschrieben haben, ist dies aber gar nicht unbedingt notwendig – dank AirPrint-Dienst. Mit dessen Hilfe lassen sich direkt vom iPad aus Drucker ansteuern, die im Netzwerk freigegeben wurden.

Zunächst die schlechte Nachricht: Die Funktion steht offiziell nur für spezielle AirPrint-Drucker zur Verfügung – eine Übersicht über diese Drucker finden Sie unter der folgenden Webadresse: *http://www.apple.com/de/ipad/features/airprint.html*.

Die gute Nachricht: Dank eines kleinen Hacks funktioniert das Ganze auch mit beliebigen anderen Netzwerkdruckern. Eine Anleitung dazu finden Sie hier: *http://www.mielke.de/blog/Drucken-mit-AirPrint-unter-Windows-vom-iPad-oder-iPhone-293*.

Voraussetzung für das Ausdrucken ist in jedem Fall eine WLAN-Verbindung zwischen iPad und PC (vgl. Kapitel 3), und der Datei *airprint.exe* müssen in der Firewall Datentransfers im Netzwerk erlaubt werden. Dann steht dem Ausdrucken nichts mehr im Weg: Um eine E-Mail auszudrucken, tippe ich z. B. auf das Symbol  und entscheide mich für die Option *Drucken*.

Tippen Sie auf *Drucker auswählen* (1) und wählen Sie einen – der vom iPad automatisch erkannten – Netzwerkdrucker aus (2). Geben Sie die Zugangsdaten zu Ihrem Windows-Konto ein (3) und bestätigen Sie schließlich den Ausdruck mit einem Fingertipp auf *Drucken* (4).

Zugegeben: In den meisten Fällen wird es weniger umständlicher sein, ein Dokument auf den PC zu übertragen und von dort auszudrucken.

Ganz ohne iTunes: Ihre Dokumente noch schneller aufs iPad übertragen

Dokumente und andere Dateien ohne Umweg über iTunes übers WLAN auf das iPad übertragen und dort betrachten: Hierfür empfehle ich die im App Store für 2,39 Euro erhältliche App Files HD. Das Hochladen der Dateien erfolgt im Webbrowser oder alternativ im Windows-Explorer.

Oder möchten Sie auf Ihrem iPad den PC-Desktop sehen und bedienen? Das funktioniert problemlos mit der App TeamViewer; auf dem PC wird die Software unter *http://www.teamviewer.com/de* heruntergeladen und installiert – nach der Eingabe eines Sicherheitscodes wird der PC-Desktop freigeschaltet.

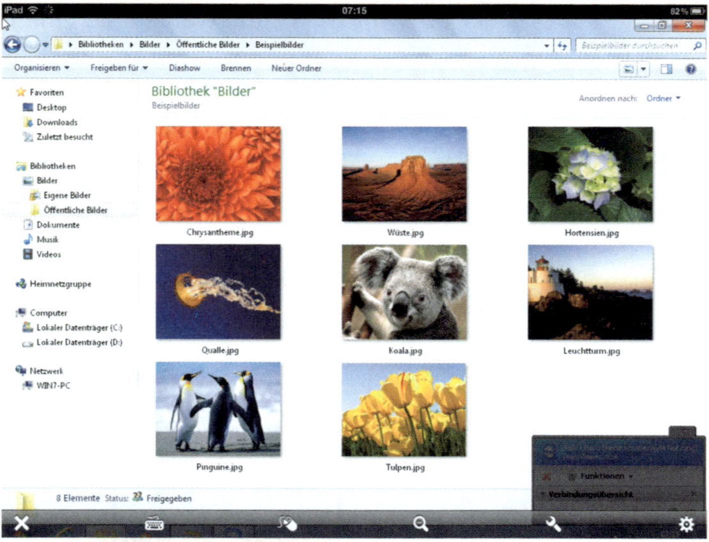

Schneller tippen: So schließen Sie eine Bluetooth-Tastatur an

Um Ihren Debütroman oder eine größere Arbeit auf dem iPad zu verfassen, ist die „virtuelle“ Tastatur auf dem iPad-Touchscreen nicht geeignet. Ich empfehle, sich zu diesem Zweck eine Bluetooth-Tastatur zuzulegen, die bereits für um die 30 Euro zu haben ist (ich selbst habe für meine GeneralKeys-Tastatur bei *http://www.pearl.de* für 34,80 Euro inkl. Versandkosten erhalten; vgl. Abbildung).

Der Anschluss der Bluetooth-Tastatur bereitet keinerlei Schwierigkeiten: Sie schalten – gemäß der Bedienungsanleitung der jeweiligen Tastatur – die Tastatur zunächst ein und aktivieren dort die Bluetooth-Verbindung.

Auf dem iPad aktivieren Sie dann unter *Einstellungen/Bluetooth* (1) die Bluetooth-Verbindung (2) und stellen fest: Die Tastatur wird angezeigt – tippen Sie diese an (3) und geben Sie im Folgenden auf der Bluetooth-Tastatur den angezeigten Verbindungscode (4) ein, den Sie per Enter-Taste bestätigen. Nun können Sie die Bluetooth-Tastatur zum Verfassen Ihrer Texte auf dem iPad einsetzen.

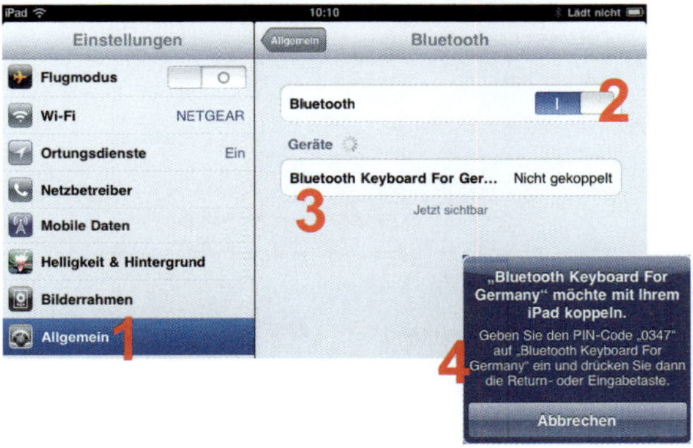

Meine Empfehlung: Deaktivieren Sie Bluetooth, wenn nicht benötigt, um den iPad-Akku zu schonen!

Onlinebanking mit dem iPad: unterwegs Kontostände abfragen, Überweisungen tätigen und mehr

Auch unterwegs Ihre Bankgeschäfte tätigen: Melden Sie sich dazu bei Ihrer Bank für das Onlinebanking an und greifen Sie auch vom iPad aus auf Ihre Konten zu, tätigen Sie Überweisungen oder nehmen Sie andere Aktionen vor. Lassen Sie mich Ihnen in aller Kürze drei Optionen vorstellen, die sich Ihnen in diesem Zusammenhang bieten:

- **Webbrowser**: Rufen Sie die Website Ihrer Bank ganz normal im Webbrowser auf; um mich bei der Deutschen Bank einzuloggen lade ich z. B. die Webadresse *https://meine.deutsche-bank.de*.

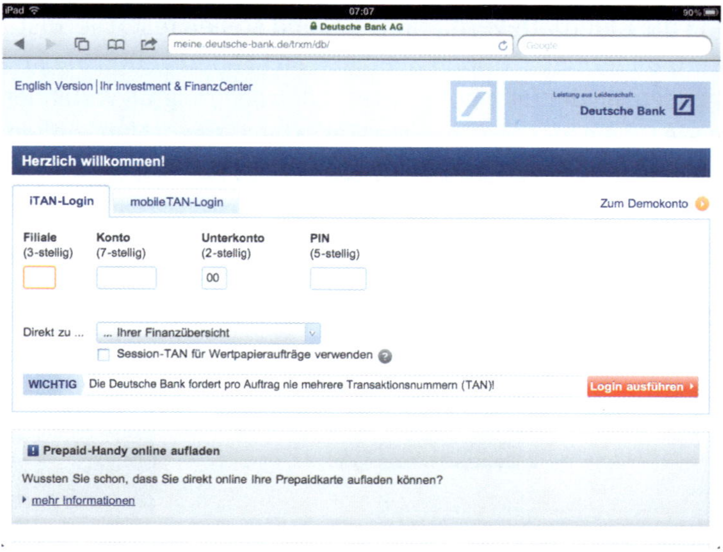

- **Bank-App**: Viele Banken bieten iPad-Apps für eine noch komfortablere Verwaltung des Onlinekontos an. Suchen Sie im App Store nach dem Namen Ihrer Bank, um gegebenenfalls die entsprechende App ausfindig zu machen.

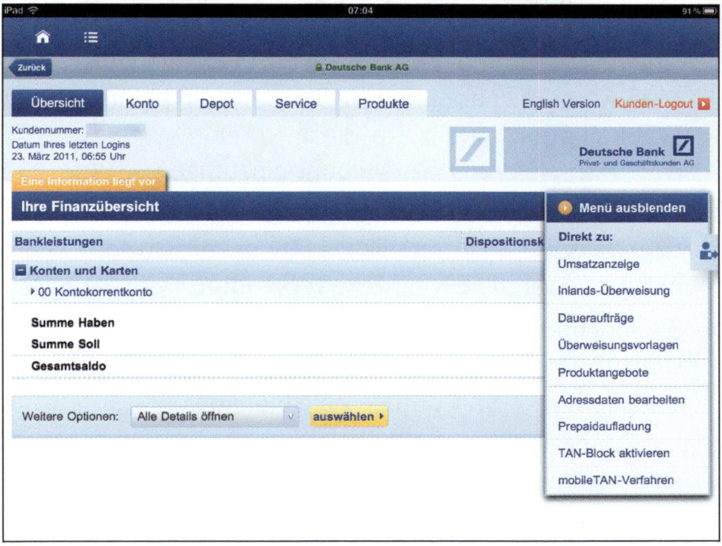

- **iOutbankPro**: Sie haben Konten bei mehreren Banken? Mit dieser App – die iPad-Version kostet allerdings 9,99 Euro – lassen sich verschiedene Konten verwalten. Prüfen Sie vor einem etwaigen Kauf unter *http://www.ioutbank.de*, ob Ihre Bank unterstützt wird.

Ganz wichtig: Speichern Sie die Zugangsdaten zu Ihrem Onlinekonto nicht auf dem iPad ab; selbstverständlich auch keine Transaktionsnummern!

Stop & Go

- Verwenden Sie den iPad-Kalender, um Ihre Termine einzutragen und sich an bevorstehende Termine erinnern zu lassen.
- Termine synchronisieren: Für die Synchronisierung mit Outlook nutzen Sie iTunes; die Synchronisierung mit dem Google-Kalender aktivieren Sie beim Anlegen Ihres Google-Mail-Accounts; abonnieren Sie darüber hinaus beliebige Webkalender, indem Sie diese unter *Einstellungen/Mail, Kontakte, Kalender* als Account hinzufügen.
- Verwenden Sie das iPad als nützlichen Notizblock – die Notizen lassen sich ebenfalls via iTunes mit Outlook synchronisieren oder als E-Mail-Text versenden.
- Sie möchten das iPad als pfiffigen Skizzenblock einsetzen? Hierfür empfehle ich die kostenlose App LiveSketch HD – erstellen Sie damit pfiffige Zeichnungen!
- Ihr Office-Paket fürs iPad: Verwenden Sie in diesem Zusammenhang entweder die Apple-Apps Pages (Textverarbeitung), Numbers (Tabellenkalkulation) und Keynote (Präsentationen) oder entscheiden Sie sich für die alternative App Office² HD bzw. Google Text & Tabellen im iPad-Webbrowser.
- Dokumente, E-Mails, Fotos & Co. auf einem Netzwerkdrucker zu Papier bringen – bei bestehender WLAN-Verbindung kein Problem dank des Dienstes AirPrint.
- Übertragen Sie Dateien mit der App Files drahtlos oder holen Sie sich mit der App TeamViewer den PC-Desktop aufs iPad.
- Onlinebanking ist auch auf dem iPad kein Problem: Laden Sie dazu die Website Ihrer Bank im iPad-Webbrowser, installieren Sie die App Ihrer Bank oder verwalten Sie gleich mehrere Konten mit der App iOutbankPro.

11. Preisvergleich & Shopping: Starten Sie Ihre nächste Einkaufstour von der Couch im Wohnzimmer

Onlineshopping und Schnäppchenjagd – auch das ist mit dem iPad selbstverständlich kein Problem und macht sogar richtig Spaß. Lernen Sie die in diesem Zusammenhang besten Funktionen kennen:

Werbeprospekte durchblättern und Preise vergleichen: Mit Ihrem iPad finden Sie jedes Schnäppchen!

Sie planen den nächsten Einkauf und möchten sich über Angebote in Ihrer Nähe informieren? Mit dem iPad lassen sich alle möglichen Prospekte durchblättern – ganz ohne Papiermüll im Briefkasten. Verwenden Sie dazu die App kaufDA HD oder MeinProspekt HD. Gestatten Sie diesen Apps jeweils den Zugriff auf Ihren aktuellen Ort, damit Ihnen die entsprechenden Prospekte vorgeschlagen werden können. Wählen Sie das gewünschte Geschäft – dies gilt wiederum für beide Apps – entweder per Karte oder in einem „Regal“ aus ...

... und blättern Sie in den Prospekten ähnlich wie in einem E-Book (vgl. Kapitel 9). Jede Wette, dass Sie mit dieser Funktion auch Ihre Gattin vom iPad begeistern können!

Finden Sie den günstigsten Anbieter: auf dem iPad Preisvergleiche anstellen

Kann es sein, dass ein Produkt online günstiger zu haben ist als im Geschäft vor Ort? Befragen Sie einen der großen Preisvergleichsanbieter guenstiger.de oder billiger.de, die jeweils mit einer gleichnamigen iPad-App vertreten sind. Tippen Sie ein, wonach Sie suchen – am besten den genauen Produktnamen –, und lassen Sie sich die entsprechenden Anbieter mitsamt Preisangaben auflisten. Vorteil der guenstiger.de-App: Neben Onlinepreisen lassen sich damit auch lokale Preise abfragen.

Ihre iPad-Einkaufsliste immer mit dabei und Preise zusammenrechnen

Auch mit einer Einkaufsliste lässt sich Geld sparen, weil mit ihrer Hilfe keine ungeplanten Waren mehr im Einkaufswagen landen. Eine nützliche Gratis-App zum Erstellen und Verwalten von Einkaufslisten auf dem iPad ist ShopShop Einkaufsliste.

Oder wollen Sie die Preise mehrerer Produkte zusammenrechnen? Zu diesem Zweck kann unter anderem die App Rechner für iPad Free dienen, die – wenn Sie das iPad ins Querformat drehen – eine ganze Menge Rechenfunktionen bietet.

eBay, Amazon & Co.: Mit diesen Apps macht Onlineshopping so richtig Spaß!

Auf Schnäppchenjagd können Sie natürlich auch direkt bei den großen Anbietern im Internet gehen. Gestatten Sie mir, Ihnen fünf in diesem Zusammenhang besonders empfehlenswerte Apps in aller Kürze vorzustellen:

Screenshot	Infos zur App
	**eBay für das iPad** Nie wieder eine Auktion verpassen: Holen Sie sich mit dieser App das weltgrößte Internetauktionshaus aufs iPad und finden Sie Schnäppchen aller Art.
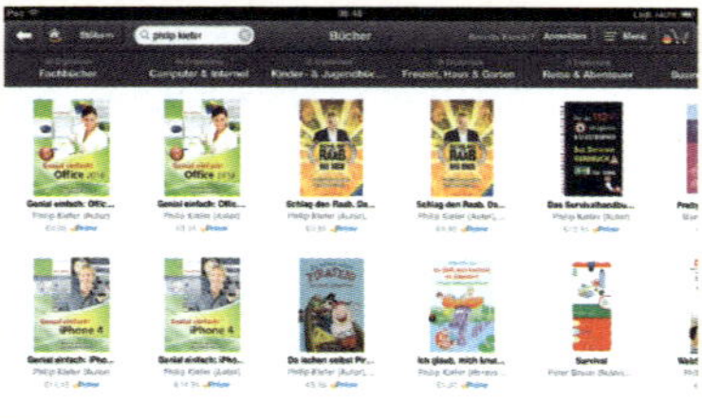	**Windowshop** Diese iPad-App des Onlineversandhauses Amazon stellt Ihnen die Angebote in einer für das iPad optimierten Form vor – allerdings nur im Querformat.

	**ShopStyle** In diesem iPad-Shop finden Sie Kleidung, Schmuck, Taschen und weitere Produkte, die dann in verschiedenen Onlineshops erworben werden können.
	**mobile.de** Sie sind auf der Suche nach einem Neu- oder Gebrauchtfahrzeug? Entscheiden Sie sich dann für diese App, die derzeit allerdings nur im iPhone-Format vorliegt.
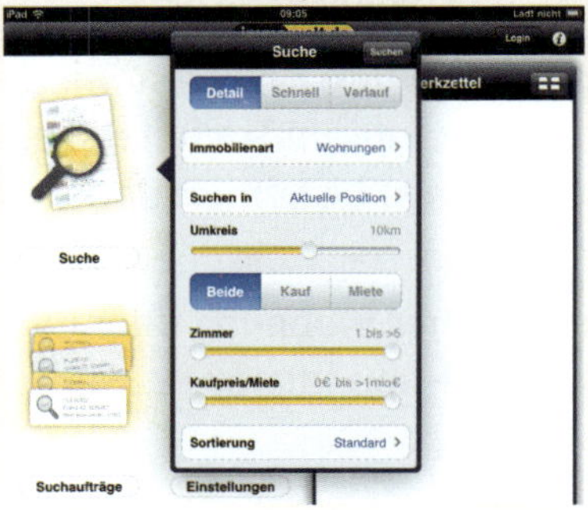	**immowelt** Sogar nach Immobilien zum Mieten oder Kaufen können Sie auf dem iPad suchen – besonders empfehlenswert hierfür ist die iPad-App des Anbieters immowelt.

Stop & Go

- Ganz ohne Papiermüll: Blättern Sie auf Ihrem iPad Werbeprospekte in elektronischer Form durch, um die günstigsten Schnäppchen aufzuspüren. Die kostenlosen Apps kaufDA HD sowie MeinProspekt HD bringen alles mit, was Sie brauchen.
- Sie möchten ein bestimmtes Produkt erwerben und zuvor die Preise bei verschiedenen Anbietern vergleichen? Verwenden Sie die Apps der Preisvergleichsanbieter guenstiger.de oder billiger.de.
- Einkaufslisten auf dem iPad erstellen und verwalten: Überhaupt kein Problem mit der Gratis-App ShopShop Einkaufsliste.
- Das iPad in einen leistungsstarken Tischrechner verwandeln – z. B. mit der App Rechner für iPad Free.
- An eBay-Auktionen auch vom iPad aus teilnehmen: Installieren Sie zu diesem Zweck die App eBay für das iPad.
- Auch das Onlineversandhaus Amazon ist mit einer eigenen iPad-App vertreten: Genießen Sie die App Windowshop im Querformat.
- Für gehobene Ansprüche: Stöbern Sie in der App ShopStyle nach Kleidung, Schmuck, Taschen und weiteren Produkten – der Einkauf erfolgt bei diversen Onlineshops.
- Sind Sie auf der Suche nach einem Auto? Nutzen Sie die App mobile.de, um auf dem iPad nach Ihrem Traumfahrzeug zu suchen – die App gibt es allerdings bisher leider nur im iPhone-Format.
- Und falls Sie auf der Suche nach einer Wohnung oder nach einem Haus sind: Mithilfe der iPad-App immowelt werden Sie ganz bestimmt fündig.

12. Reise & Navigation: Setzen Sie Ihr iPad als jederzeit hilfreichen Reisebegleiter ein

Wenn jemand eine Reise tut, sollte er sein iPad in jedem Fall mitnehmen! Das Gerät weist Ihnen stets den richtigen Weg und bietet noch viele weitere pfiffige Funktionen. Alles dazu in diesem Kapitel:

So lassen Sie sich vom iPad Ihren aktuellen Standort, Stadtpläne oder Straßenansichten anzeigen

Eine besonders tolle App, die auf dem iPad bereits vorinstalliert ist, ist die App Karten, die auf Google Maps beruht – rufen Sie damit Karten, Satellitenaufnahmen oder Straßenansichten aus aller Welt auf.

Damit das Ganze funktioniert, prüfen Sie zunächst unter *Einstellungen/Ortungsdienste* (1), ob die *Ortungsdienste* (2) und speziell der Ortungsdienst für die App *Karten* (3) aktiviert sind.

Im Folgenden zeige ich Ihnen die nützlichsten Funktionen der App in Form einer kleinen Schrittanleitung (Quelle der Abbildungen: Google Maps):

1 Suchen Sie unter *Suchen* (1) nach einem Ortsnamen, einer Adresse oder Koordinaten (2), um sich die gewünschte Örtlichkeit auf der Karte anzeigen zu lassen (3). Oder möchten Sie den eigenen Ort laden? Hierzu tippen Sie auf das Symbol (4). Soll statt der Karte eine Satellitenaufnahme angezeigt werden? Tippen Sie dazu in die rechte untere Ecke der App (5) …

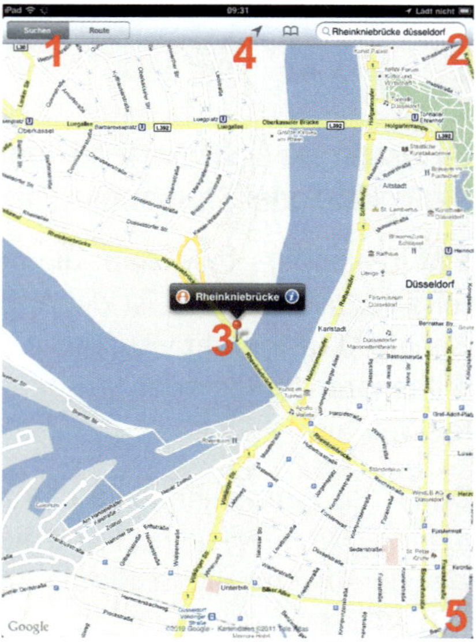

2 … und wählen die gewünschte Ansichtsoption aus – in diesem Fall ist die *Hybrid*-Ansicht ausgewählt, die Satellitenaufnahmen mit Kartendaten verknüpft.

3 Wollen Sie sich in eine Straßenansicht beamen? In Deutschland ist dies in den 20 größten Städten möglich – in vielen anderen Ländern wie z. B. Frankreich oder den USA in noch viel größerem Umfang. Um eine Straßenansicht aufzurufen, tippen Sie bei der angezeigten Adresse einfach auf das Symbol; das Drehen der Straßenansicht erfolgt durch Wischen; per Fingertipp auf die Pfeile bewegen Sie sich in der Straßenansicht fort; mit einem Fingertipp auf die Karte rechts unten in der Straßenansicht schließen Sie diese.

4 Ihre Lieblingsorte schneller aufrufen: Tippen Sie dazu bei der gefundenen Adresse auf das -Symbol und wählen Sie *Zu Lesezeichen* (1) – Sie finden die Adresse dann unter dem -Symbol (2).

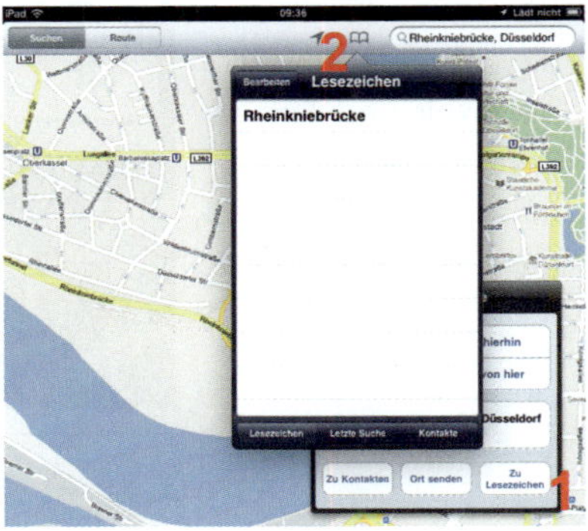

Sie sehen: Die Nutzung der Karten-App ist gar nicht kompliziert und sorgt für spannende Entdeckungen! Sie können hier übrigens auch nach Branchen suchen, etwa nach einem Hotel, einer Apotheke oder einem Tischler in Ihrer Nähe oder an einem bestimmten Ort.

Tippen Sie dazu einfach die Branchenbezeichnung zusammen mit dem gewünschten Ort ein bzw. nur die Branchenbezeichnung für die Suche am aktuellen Ort. (Quelle der Abbildung: Google Maps)

Den digitalen Globus Google Earth auf dem iPad nachrüsten

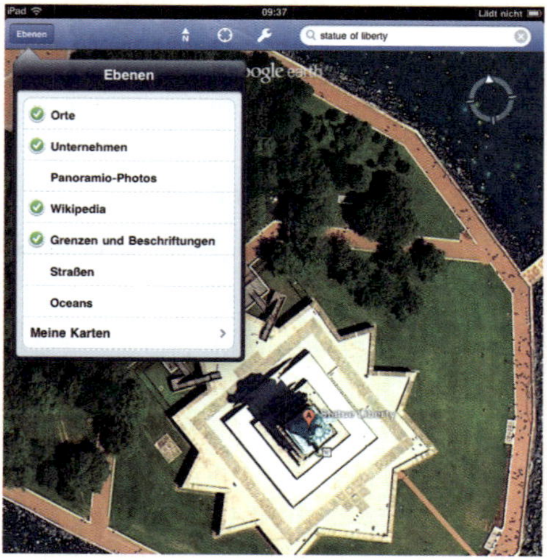

Sehr empfehlenswert: Auch Google Earth, ein exzellenter digitaler Globus, steht im App Store zum kostenlosen Download für Sie bereit – besuchen Sie damit die spannendsten Orte der Welt und lassen Sie sich nützliche Informationen, Bilder und mehr dazu einblenden. (Quelle der Abbildung: Google Earth)

Und so setzen Sie Ihr iPad zur Routenplanung und Navigation ein

Sie finden Navigations-Apps im App Store (z. B. von NAVIGON), mit denen Sie das iPad in ein vollwertiges Navigationssystem verwandeln. Für eine Navigation ohne Sprachführung können Sie jedoch auch die Karten-App einsetzen – Voraussetzung ist, dass bei der Nutzung im Auto ein Beifahrer Sie dirigieren kann und dass Sie über eine Internetverbindung verfügen, um die Kartendaten aus dem Internet zu laden.

So einfach geht's: Tippen Sie in der Karten-App auf *Route* (1) und geben Sie in den Feldern rechts oben Start- und Zieladresse an (2). Per Symbol , bzw. bestimmen Sie dann noch das Verkehrsmittel (3), bevor Sie die Navigation mit einem Klick auf *Start* beginnen (4). Die einzelnen Stationen der Route werden Ihnen dann unten bzw. in Listenform (Symbol) vorgestellt (5). (Quelle der Abbildung: Google Maps)

Hotelsuche, Ortsinformationen, Übersetzung und mehr: Diese iPad-Apps sollten auf keiner Reise fehlen

Nicht nur wegen der Karten-App stellt das iPad den optimalen Reisebegleiter dar. Es stehen Ihnen im App Store Tausende weiterer toller Apps zum Download zur Verfügung. Hier einige besonders nützliche Anwendungsbereiche – und kostenlose Apps:

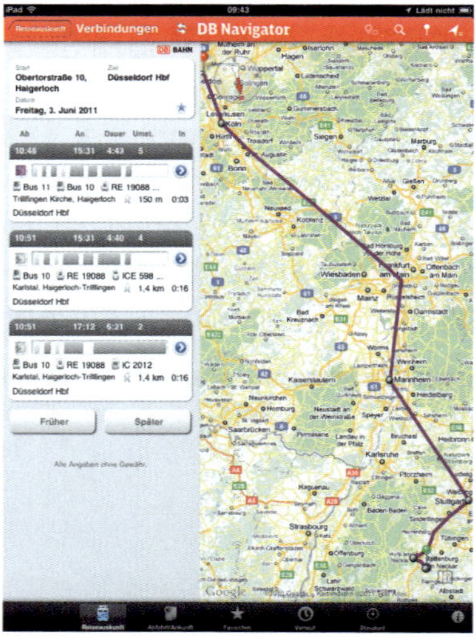

- **Fahrten und Flüge planen**: Mit dem iPad lassen sich nicht nur Autorouten planen! Finden Sie mithilfe der App Mitfahrzentrale eine Mitfahrgelegenheit, mieten Sie mit Sixt HD einen Mietwagen, planen Sie mit dem DB Navigator (siehe Abbildung) eine Zugfahrt oder suchen Sie mit Billigflieger nach einem günstigen Flug zum Urlaubsziel.
- **Hotels buchen**: Auch die Hotelsuche gestaltet sich dank iPad einfacher als je zuvor. Die Option, Hotels in der Karten-App zu suchen, haben Sie ja bereits kennengelernt. Darüber hinaus bieten sich weitere Apps an, die Hotelangebote bündeln, etwa Trivago, HRS oder Booking.com.
- **Urlaubsbewertungen finden**: Lesen Sie mithilfe der App TripAdvisor Bewertungen zu Hotels & Co., die andere Nutzer erstellt haben – damit Sie sich nicht auf die Angaben in Reiseprospekten verlassen müssen!

- **Urlaubscheckliste nutzen**: Alles eingepackt? Die App Pack the Bag hilft Ihnen beim Packen Ihrer sieben Sachen; praktischerweise wird die Liste je nach Urlaubstyp zusammengestellt.
- **Texte übersetzen**: Einen zusätzlichen Sprachcomputer benötigen Sie nicht? Überlassen Sie das Übersetzen Ihrem iPad, z. B. mithilfe der App Translate.
- **Sehenswürdigkeiten finden**: Installieren Sie auf Ihrem iPad die App Wikihood, um keine Sehenswürdigkeit in Ihrer aktuellen Umgebung zu verpassen – spannende Informationen inklusive!

Sie finden noch jede Menge weiterer Reise-Apps, z. B. auch Reiseführer zur Stadt, die Sie besuchen möchten – suchen Sie im App Store danach!

Stop & Go

- Aktivieren Sie gegebenenfalls zunächst unter *Einstellungen/Ortungsdienste* die *Ortungsdienste* und nutzen Sie die App Karten, um nach Adressen, Orten und Koordinaten zu suchen oder sich den eigenen Standort auf einer Karte anzeigen zu lassen.

- Sie wollen sich statt Straßenkarten lieber Satellitenaufnahmen anzeigen lassen? Klicken Sie auf die Ecke rechts unten in der Karte, um eine andere Ansichtsoption zu wählen.
- Auch Straßenansichten sind kein Problem – vorausgesetzt, diese stehen in Google Maps zur Verfügung wie etwa in den 20 größten deutschen Städten.
- Fügen Sie wichtige Adressen den *Lesezeichen* in der Karten-App hinzu, um diese später leichter wieder aufrufen zu können.
- Tippen Sie auf *Route*, um sich auf dem iPad eine Route zum Reiseziel berechnen zu lassen; auch Navigation ist kein Problem, diese beinhaltet allerdings keine Sprachführung.
- Ein Globus auf dem iPad: Entscheiden Sie sich für die Installation der kostenlosen App Google Earth.
- Planen Sie mit Ihrem iPad Fahrten und Flüge, z. B. mit den Apps DB Navigator (Eisenbahn), Sixt HD (Mietwagen), Mitfahrzentrale (Mitfahrgelegenheit) oder Billigflieger (Flüge).
- Möchten Sie ein Hotel buchen? Kein Problem z. B. mit den Apps Trivago, HRS oder Booking.com.
- Bei der Reisebuchung nie wieder auf die Nase fallen: Lesen Sie in der App TripAdvisor kritische Urlaubsbewertungen anderer Nutzer.
- Im App Store stehen Ihnen jede Menge Reise-Apps zur Verfügung: Empfehlenswert sind z. B. Pack the Bag (Urlaubscheckliste), Translate (Übersetzungen) oder Wikihood (Sehenswürdigkeiten).

13. Freizeit & Spiele: Dank iPad kommt nie wieder Langeweile auf

Auch für Spiele und sonstige Freizeitaktivitäten hat das iPad alles zu bieten, was das Herz begehrt. In diesem Kapitel zeige ich Ihnen, wie Sie die besten Apps finden und das Game Center nutzen:

Schach, Monopoly und vieles mehr: Für Ihr iPad stehen Tausende toller Spiele zum Download bereit

Das iPad dient den meisten Nutzern nicht nur „ernsten“ Zwecken. Wenn Sie einen Blick in die Top-Charts im App Store werfen, stellen Sie schnell fest, dass dort Spiele in überdurchschnittlicher Anzahl vertreten sind. Sie finden für das iPad optimierte Computerspiele genauso wie bekannte Gesellschaftsspiele, die auf das iPad übertragen würden: Schach, Monopoly, Scrabble ... Suchen Sie im App Store nach dem Namen eines gewünschten Spiels – es gibt kaum ein bekanntes Spiel, das Sie nicht finden werden.

Auch bekannte Gesellschaftsspiele wie Monopoly lassen sich auf dem iPad herunterladen und spielen.

Falls Sie nach neuen spannenden Spielen Ausschau halten: Tippen Sie unten im App Store auf *Kategorien* und entscheiden Sie sich für die Kategorie *Spiele*. Hier können Sie sich besonders spannende Spiele vorschlagen lassen, etwa die bisherigen Spiele in der Rubrik *Spiel der Woche*.

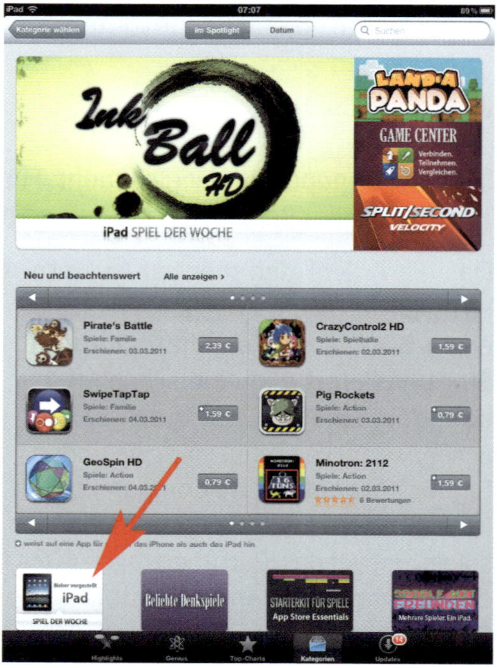

Auf der Suche nach neuen Spielen? Lassen Sie doch einmal die Spiele in der Rubrik Spiel der Woche anzeigen – vielleicht ist da etwas für Sie dabei?

Jedes Spiel funktioniert anders, deshalb an dieser Stelle nur ein kleines Beispiel: das iPad-Schachspiel Chess Free. Laden Sie diese App herunter und starten Sie sie. Wählen Sie zunächst die Anzahl der Spieler sowie den Schwierigkeitsgrad aus. Dann kann es losgehen! Um eine Figur zu bewegen, tippen Sie diese an und tippen dann auf das Zielfeld. Das ist einfach, nicht wahr?

Das iPad als Schachcomputer: Chess Free ist nur eine von zahlreichen Schach-Apps, die Sie im App Store herunterladen können.

Sie wollen zusammen mit anderen übers Internet spielen? So verwenden Sie das Game Center

Keine Lust, alleine zu spielen? Dann spielen Sie – übers Internet – zusammen mit Ihren Freunden. Dank des auf dem iPad installierten Game Centers geht das kinderleicht:

1 Starten Sie das Game Center und melden Sie sich zunächst mit Ihren iTunes-Zugangsdaten an, um anschließend einige Angaben (Geburtstag, Spitzname) zu Ihrem Spielerprofil zu machen und die Geschäftsbedingungen zu akzeptieren.

2 Nun benötigen Sie Freunde, mit denen zusammen Sie spielen können: Tippen Sie unten auf *Freunde* und wählen Sie *Hinzufügen*, um per E-Mail-Adresse oder Spitznamen Leute einzuladen (diese müssen ebenfalls ein Game-Center-Profil erstellt haben). Nachdem eine Person die Einladung angenommen hat, steht diese als Freund im Game Center zur Verfügung.

3 Was Sie jetzt noch benötigen, sind Game-Center-Spiele, über die auch Ihr Freund verfügt. Diese Spiele sind im App Store durch ein Game-Center-Symbol gekennzeichnet; sie lassen sich übrigens auch im Game Center un-

ter *Spiele* ausfindig machen, indem Sie dort auf *Game Center-Spiele suchen* tippen.

4 Nun kann es losgehen: Spielen Sie ein Game-Center-Spiel – Ihr Spielergebnis wird dann Ihren Freunden angezeigt, und diese können versuchen, Sie zu übertreffen; bei sogenannten Multiplayer-Games ist es sogar möglich, gleichzeitig zu spielen!

Ihr Freund verfügt nicht über ein iPad? Das Game Center steht auch auf dem iPhone sowie auf dem iPod Touch zur Verfügung!

Ihr iPad als nützlicher Begleiter bei Sport und Hobby: die besten Apps auf einen Blick

Auch für zahlreiche weitere Freizeit- und Sportaktivitäten ist das iPad ein wertvoller Begleiter. Hier einige Anregungen und besonders empfehlenswerte (und kostenlose) Apps:

- **Das iPad als Kochbuch**: Sie wissen noch nicht, was Sie heute kochen sollen? Befragen Sie Ihr iPad! Suchen Sie im App Store nach *Rezepte*, um entsprechende Apps ausfindig zu machen, z. B. die App Knorr Rezepte HD oder die App EatSmarter+.
- **Das iPad als Fitnesstrainer**: Wollen Sie etwas für Ihren Körper tun? Das iPad unterstützt Sie dabei! Machen Sie eine Bestandsaufnahme (z. B. mit der App TK-Fit-Check), finden Sie Anleitungen zu Fitnessübungen (z. B. in der App Fitness HD Gratis), lassen Sie sich bei Ihrer Diät unterstützen (z. B.

mit der App WiScale) oder suchen Sie im App Store nach der App Ihres Lieblingsfußballvereins (z. B. FC Bayern München).

- **Gehirnjogging mit dem iPad**: Um auch Ihr Gehirn auf Vordermann zu bringen, dienen Apps wie Mimir Kopfrechnen Lite, Finger SUDOKU HD oder iPuzzleHD.
- **Mit dem iPad lernen**: Lernen mit dem iPad macht richtig Spaß! Pauken Sie für die Fahrschule mit iFahrschule Lite, pauken Sie Vokabeln und andere Lernstoffe mit iMemento Lernkarten Lite und finden Sie im App Store sogar komplette – allerdings meist kostenpflichtige – Sprachkurse.

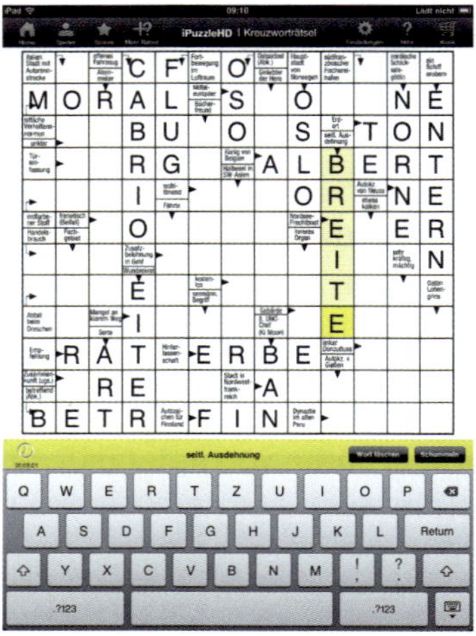

Hier löse ich ein Kreuzworträtsel in der App iPuzzle HD – das macht Spaß und ist ein gutes Gehirntraining für zwischendurch!

- **Das iPad für Kinder**: Das iPad ist recht robust, sodass Sie es – unter Aufsicht und auf eigene Gefahr! – schon auch mal einem kleineren Kind in die Hand geben können. Neben zahlreichen Spielen, die auch für Kinder geeignet sind, gibt es weitere interessante Apps für Kinder, etwa ABC – Magnetische Alphabet Lite oder What's that Sound für die ganz Kleinen.

Mein Tipp: Stöbern Sie ausgiebig im App Store, um noch viele weitere nützliche Apps – oder unnütze Apps, die aber desto mehr Spaß bereiten – ausfindig zu machen!

Stop & Go

- Verwenden Sie das iPad als digitales Spielbrett! Sie finden im App Store für das iPad optimierte Computerspiele sowie iPad-Versionen bekannter Gesellschaftsspiele wie Schach, Monopoly oder Scrabble.
- Sie befinden sich auf der Suche nach neuen Spielen? Tippen Sie im App Store auf *Kategorien* und lassen Sie sich unter der Kategorie *Spiele* z. B. die Rubrik *Spiel der Woche* anzeigen.
- Die meisten iPad-Spiele lassen sich intuitiv nutzen: Bei der Schach-App Chess Free beispielsweise wählen Sie zunächst die Anzahl der Spieler und den Schwierigkeitsgrad aus; um eine Figur zu bewegen, tippen Sie zunächst die gewünschte Figur an und dann auf das Zielfeld.
- Spielen Sie mit anderen Nutzern im Internet zusammen und messen Sie Ihre Kräfte anhand der Spielstände: Fügen Sie dazu im Game Center Freunde hinzu und installieren Sie Game-Center-Spiele auf Ihrem iPad.
- Das iPad bietet viele Anwendungsmöglichkeiten für Freizeit- und Sportaktivitäten. Kochen Sie gerne? Dann lassen Sie sich doch z. B. von den Apps Knorr Rezepte HD oder EatSmarter+ Rezepte anzeigen.
- Fitness für Körper und Geist: Trainieren Sie sich körperlich (z. B. mit den Apps TK-Fit-Check, Fitness HD Gratis oder WiScale) sowie geistig (z. B. mit den Apps Mimir Kopfrechnen Lite, Finger SUDOKU HD oder iPuzzleHD).
- Ihr iPad können Sie auch zum Lernen einsetzen: Trainieren Sie mit *i*Fahrschule Lite für den Führerschein oder pauken Sie Lernstoffe aller Art mit iMemento Lernkarten Lite.
- Das iPad kann auch für kleinere Kinder ein Vergnügen sein, z. B. mit den Apps ABC – Magnetische Alphabet Lite oder What's that Sound.

14. Wartung & Pflege: Ihr iPad-ABC von Akku bis Zurücksetzen

Last, but not least! Finden Sie im letzten Kapitel dieses Buches – in alphabetischer Sortierung – wichtige Informationen rund um Wartung und Pflege Ihres iPads:

- Sie berücksichtigen eine Reihe von Tipps, damit der Akku länger hält: Seite 148
- Sie halten iOS, Apps und iTunes auf dem neuesten Software-Stand: Seite 149
- Sie erfahren, wie die iPad-Daten gesichert werden und wie Sie diese wiederherstellen: Seite 150
- Sie richten eine Code-Sperre zum Schutz gegen unbefugte Zugriffe ein: Seite 151
- Sie deaktivieren bestimmte iPad-Funktionen, z. B. als Kindersicherung: Seite 152
- Sie finden die wichtige Informationen zu Ihrem iPad: Seite 152
- Sie erfahren, was es mit dem Jailbreak auf sich hat: Seite 153
- Sie orten das im Zug liegen gelassene iPad: Seite 153
- Sie lernen noch mehr iPad-Zubehör kennen: Seite 154
- Sie versetzen das iPad zurück in den Ursprungszustand: Seite 155

Akku: die besten Tipps, damit der iPad-Akku möglichst lange durchhält

Der iPad-Akku hält erfreulich lang, und so soll es auch bleiben! Um den Akku auszutauschen, müssten Sie das iPad nämlich einsenden und rund 80 Euro berappen. Um den Akku zu schonen, schalten Sie nicht benötigte Stromfresser ab, z. B. *Bluetooth* (*Einstellungen/Allgemein/Bluetooth*), *Mobile Daten* (*Einstellungen/Mobile Daten*) oder *Push* (*Einstellungen/Mail, Kontakte, Kalender/Datenabgleich*), wenn Sie die entsprechenden Funktionen gerade nicht benötigen.

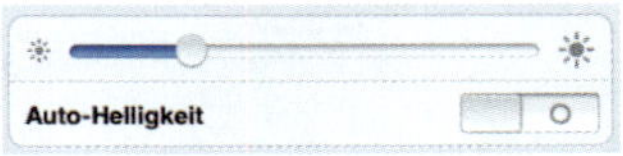

Auch die Display-Helligkeit (*Einstellungen/Helligkeit & Hintergrund*) könnten Sie etwas herunterfahren, um den Akku zu schonen; versetzen Sie das iPad sofort in den Standby-Modus, wenn Sie es nicht verwenden; laden Sie größere Dateien in iTunes am PC herunter und synchronisieren Sie diese dann mit dem iPad.

Generell gilt: Betreiben Sie das iPad nicht – zumindest nicht regelmäßig – während Sie es ans Stromnetz angeschlossen haben. Das iPad ist für die mobile Verwendung ausgelegt, und ich empfehle das iPad möglichst oft zu verwenden, bis der Akku komplett leer ist (und das iPad sich von selbst abschaltet). Laden Sie es dann bis zum Anschlag voll!

Aktualisierung: So halten Sie Ihr iPad auf dem neuesten Software-Stand

Laden Sie regelmäßig Software-Aktualisierungen herunter, um Fehler zu beheben oder neue Funktionen zu erhalten. Dies betrifft:

- **iOS**: Apple bringt für das iPad-Betriebssystem relativ häufig Aktualisierungen heraus. Um diese auf dem iPad zu installieren, schließen Sie das iPad an den Computer an, wählen das angeschlossene iPad in iTunes aus und entscheiden sich unter *Übersicht* für *Aktualisieren* – ein Assistent führt Sie dann durch den Aktualisierungsvorgang.

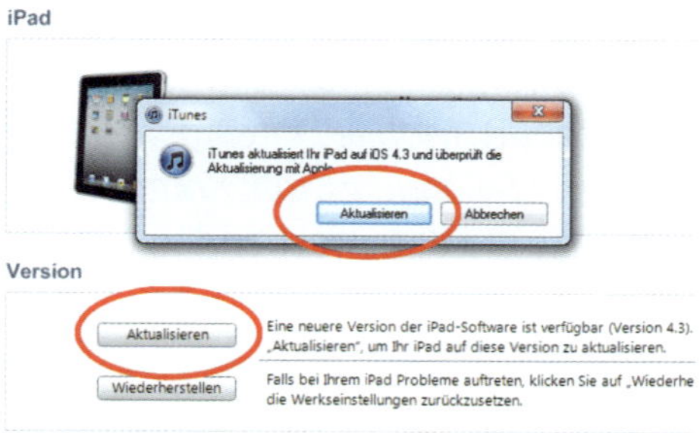

- **Apps**: Auch die App-Hersteller geben häufig Aktualisierungen heraus. Wenn Ihnen nach dem Öffnen des App Stores ein Zahlsymbol (14) angezeigt wird, stehen Aktualisierungen zur Verfügung. Tippen Sie dann im App Store unten auf *Updates* und wählen Sie *Alle aktualisieren*.

- **iTunes**: Schließlich stehen auch für iTunes am PC hin und wieder Aktualisierungen zur Verfügung. Wenn Sie die Software mit den Standardeinstellungen installiert haben, werden Sie darüber automatisch informiert. Alternativ wählen Sie in der iTunes-Menüleiste *?/Nach Updates suchen*.

Backup: iPad-Daten sichern und wiederherstellen

Sicherungskopien (Backups) Ihrer Daten und Einstellungen werden regelmäßig bei den Synchronisierungen vorgenommen. In iTunes am PC unter *Bearbeiten/Einstellungen*, Registerkarte *Geräte* können Sie sehen, wann das letzte Backup erstellt wurde. Die Backups dienen nicht nur zur Sicherheit, sondern auch dazu, Ihre Daten gegebenenfalls auf neue Geräte zu übertragen.

Bei Datenverlust: Klicken Sie das angeschlossene iPad in iTunes mit der rechten Maustaste an und entscheiden Sie sich im Menü für den Eintrag *Aus Backup wiederherstellen* und bestätigen Sie den Vorgang im folgenden Fenster.

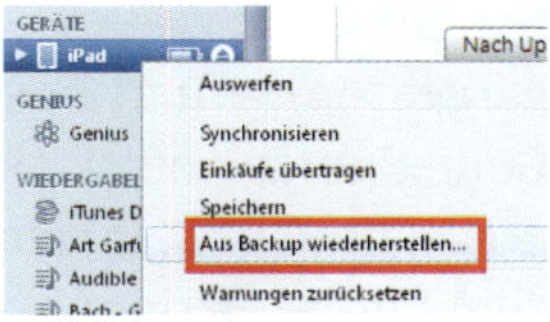

Bei Gerätewechsel: Sie haben sich ein neues Gerät zugelegt und möchten die Daten und Einstellungen aus einem Backup übernehmen? Beim Aktivierungsvorgang (siehe Kapitel 2) haben Sie die Möglichkeit, das entsprechende Backup auszuwählen.

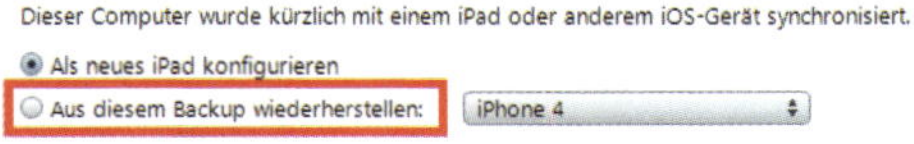

Geheime Daten? Das Backup lässt sich verschlüsseln und mit einem Kennwort versehen, indem Sie das angeschlossene iPad in iTunes auswählen und dann unter *Übersicht* die Option *iPad-Backup verschlüsseln* aktivieren.

Code-Sperre: Schützen Sie Ihr iPad gegen unbefugte Zugriffe!

Dringend zu empfehlen, wenn Sie das iPad unterwegs einsetzen – und vielleicht versehentlich irgendwo liegen lassen: Erstellen Sie eine Code-Sperre, damit auf die iPad-Inhalte erst nach Eingabe einer PIN zugegriffen werden kann. Entscheiden Sie sich dazu unter *Einstellungen/Allgemein-Codesperre* für *Code aktivieren* (1). Tip-

pen Sie dann zweimal die gewünschte PIN ein (2) – bloß nicht vergessen! – und bestimmen Sie anschließend noch, ob die Code-Sperre sofort aktiviert werden soll, wenn Sie das iPad abschalten bzw. in den Standby-Modus versetzen, oder ob bis zum Eintreten der Code-Sperre etwas Zeit vergehen soll (3).

Einschränkungen: ganz einfach Nutzungsbeschränkungen für Ihr iPad einrichten

Sie wollen bestimmte Standardfunktionen vom iPad entfernen oder dafür sorgen, dass Ihr Kind das iPad gefahrlos verwenden kann? Entscheiden Sie sich hierzu unter *Einstellungen/Allgemein/Einschränkungen* für *Einschränkungen aktivieren* und geben Sie – wie bei der Code-Sperre – zweimal eine PIN ein. Bestimmen Sie nun, per Schieberegler & Co., welche Funktionen angezeigt bzw. genutzt werden dürfen und welche nicht.

Info: Hier finden Sie die Seriennummer und weitere wichtige Informationen zu Ihrem iPad

Sie suchen nach der Seriennummer Ihres iPads, nach der IMEI oder einfach nach Informationen zur noch verfügbaren Speicherkapazität? Unter *Einstellungen/Allgemein/Info* werden Sie fündig!

Jailbreak: gefährliche Freiheiten

Es gibt zahlreiche Nutzer, die sich an der Bindung des iPads an iTunes und App Store stören. Der sogenannte Jailbreak („Gefängnisausbruch") kann da Abhilfe schaffen. Das Ganze ist allerdings dreifach riskant, weshalb ich von einem Jailbreak abrate: Das iOS auf einem iPad mit Jailbreak lässt sich in der Regel nicht mehr aktualisieren; Sie laden unter Umständen mit nicht von Apple geprüften Apps Malware auf Ihr iPad; außerdem droht Garantieverlust!

Falls Sie sich dennoch für einen Jailbreak interessieren sollten, finden Sie in einschlägigen Foren wie etwa *http://iszene.com* entsprechende Anleitungen.

Ortung: So finden Sie Ihr verloren geglaubtes iPad wieder

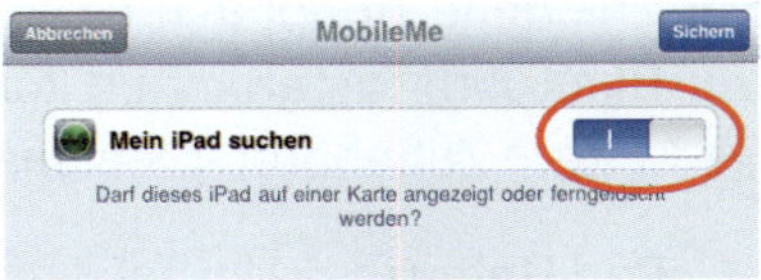

Die Ortungsdienste machen es möglich: Lassen Sie sich anzeigen, wo das im Zug liegen gelassene iPad sich momentan befindet. Hierzu dient der MobileMe-Dienst von Apple, den Sie zunächst auf dem iPad aktivieren: Legen Sie dazu – mithilfe Ihrer iTunes-Zugangsdaten – unter *Einstellungen/Mail, Kontakte, Kalender* einen MobileMe-Account an und aktivieren Sie die Option *Mein iPad suchen*.

Sie können sich den Standort des iPads nun am PC unter der Webadresse *http://www.me.com* anzeigen lassen (loggen Sie sich dort mit Ihren iTunes-Zugangsdaten ein). Eine gute Alternative: Verwenden Sie auf einem anderen iPad bzw. einem iPhone die App iPhone-Suche, um sich den Standort Ihres Geräts auch unterwegs anzeigen lassen zu können.

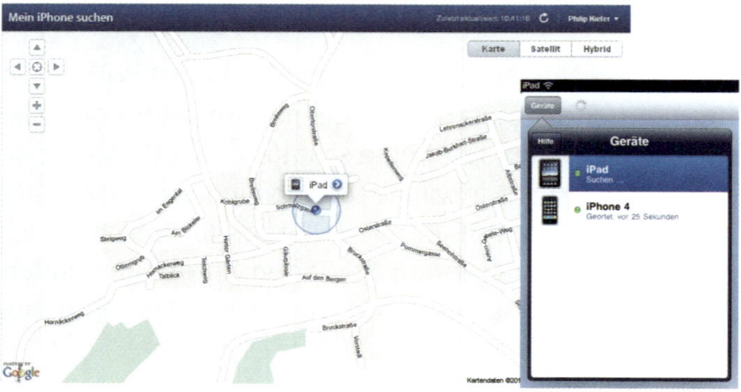

Zubehör: Mit diesem Zubehör macht das iPad noch mehr Spaß

Ich habe Ihnen in diesem Buch bereits eine Reihe nützlicher Zubehörprodukte für das iPad vorgestellt – angefangen beim Mikrofasertuch zum schonenden Reinigen des Displays über verschiedene Adapter für Digitalkamera, Beamer & Co. bis zur Bluetooth-Tastatur zum komfortableren Tippen. Hier einige weitere Zubehörempfehlungen:

- **iPad-Halterung**: Um auf dem iPad auch mal in Ruhe einen Film betrachten zu können oder es – zusammen mit der Bluetooth-Tastatur – zum Eintippen längerer Texte zu verwenden, stellen Sie es in eine entsprechende Halterung. Diese gibt es in den verschiedensten Ausführungen. Ich selbst nutze zwei Regalhalter, die ich bei mir im Keller gefunden habe – auch das geht, wobei sich die Stabilität in diesem Fall allerdings in Grenzen hält.
- **SmartCover**: Ein interessantes Produkt von Apple (nähere Infos unter dieser Webadresse: *http://www.apple.com/de/*

ipad/smart-cover), das sowohl als iPad-Cover dient als auch als Halterung. Kostenpunkt: ab 39 Euro.

- **Display-Schutz**: Angst vor Kratzern? Dann sollten Sie das iPad-Display mit einem Display-Schutz versehen, zum Beispiel mit dem Premium-Display-Schutz aus dem Hause DATA BECKER.

Darüber hinaus finden Sie z. B. bei Amazon noch eine Menge weitere Zubehörprodukte, die alle mehr oder weniger sinnvoll sein können, etwa ein Bluetooth-Headset zum Telefonieren mit dem iPad, ein iPad-Soundsystem, einen Eingabestift, ein Kfz-Ladekabel oder eine Kopfstützenbefestigung fürs Auto – damit sich Ihre Kinder während der langen Fahrt in den Urlaub ein Video ansehen können.

Zurücksetzen: das iPad in den Ursprungszustand bringen

Sie möchten Ihr iPad verkaufen oder einfach noch mal von vorn anfangen? Das iPad lässt sich mit wenigen Handgriffen zurücksetzen – entweder vollständig oder nur teilweise:

- **Am PC**: Wählen Sie das an den Computer angeschlossene iPad in iTunes aus; unter Übersicht entscheiden Sie sich dann für den Button *Wiederherstellen*.

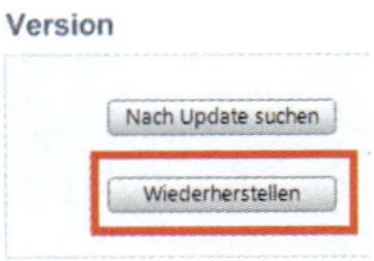

- **Auf dem iPad**: Tippen Sie unter *Einstellungen/Allgemein* auf *Zurücksetzen* – zum vollständigen Zurücksetzen wählen Sie *Inhalte & Einstellungen löschen*; Sie können jedoch auch nur die Einstellungen, den Home-Bildschirm sowie einige andere Einstellungen zurücksetzen.